快速跨专业学习

〔美〕彼得·霍林斯（Peter Hollins） 著

赵文婷　王　潞　译

U0307132

机 械 工 业 出 版 社

当今时代越来越青睐拥有跨学科学习能力的博学之人，这促使我们不能只拥有单一能力，而是要拓展自己的能力范围。

然而，究竟如何能够成为一个博学之人呢？一个真正的博学之人必须具备三个要素：知识的广度、深度和融合度。这本书将为你分析知识的结构特征以及博学之人的思维特点，同时告诉你如何提高知识技能的迁移能力。

本书语言通俗易懂，书中介绍的方法具有较强的操作性。希望广大读者通过阅读本书能够在自己的日常学习和工作中，获得更高效的学习体验，离成功更近一步。

Learn Like a Polymath: How to Teach Yourself Anything, Develop Multidisciplinary Expertise, and Become Irreplaceable

Copyright © 2020 by Peter Hollins

Simplified Chinese translation rights arranged with PKCS Mind, Inc. through TLL Literary Agency

Simplified Chinese Translation Copyright © 2023 China Machine Press. This edition is authorized for sale in the Chinese mainland (excluding Hong Kong SAR, Macao SAR and Taiwan). All rights reserved.

此版本仅限在中国大陆地区（不包括香港、澳门特别行政区及台湾地区）销售。未经出版者书面许可，不得以任何方式抄袭、复制或节录本书中的任何部分。

北京市版权局著作权合同登记号　图字：01-2022-3116

图书在版编目（CIP）数据

快速跨专业学习/（美）彼得·霍林斯（Peter Hollins）著；赵文婷，王潞译. —北京：机械工业出版社，2023.11

书名原文：Learn Like a Polymath: How to Teach Yourself Anything, Develop Multidisciplinary Expertise, and Become Irreplaceable

ISBN 978-7-111-74075-9

Ⅰ.①快… Ⅱ.①彼… ②赵… ③王… Ⅲ.①学习方法 Ⅳ.①G442

中国国家版本馆 CIP 数据核字（2023）第 205466 号

机械工业出版社（北京市百万庄大街 22 号　邮政编码 100037）
策划编辑：梁一鹏　刘　岚　　责任编辑：梁一鹏　刘　岚
责任校对：宋　安　李　杉　　责任印制：常天培
北京机工印刷厂有限公司印刷
2024 年 1 月第 1 版第 1 次印刷
130mm×184mm · 3.875 印张 · 62 千字
标准书号：ISBN 978-7-111-74075-9
定价：49.80 元

电话服务　　　　　　　　　　网络服务
客服电话：010-88361066　机 工 官 网：www.cmpbook.com
　　　　　010-88379833　机 工 官 博：weibo.com/cmp1952
　　　　　010-68326294　金 　书 　网：www.golden-book.com
封底无防伪标均为盗版　机工教育服务网：www.cmpedu.com

目 录 >>>

第一章

怎样成为博学之人

提及最聪明、最成功的人，你会想到谁？爱因斯坦、达·芬奇、比尔·盖茨、艾萨克·牛顿、杰夫·贝索斯、埃隆·马斯克或者其他人？这些人的成功有一个共同之处：他们都是博学之人，他们每个人都在多个知识领域有所专长，并且能够将迥然不同的知识有机融合，创新出自己的艺术形式或科技发明，以及诸如此类的成就。

听到这些，你可能会觉得这些成就完全非常人所能及。然而，如果拥有恰当的思维模式和学习态度，你也可以成为这样的博学之人。你可能听到过这样的说法：专精于一门知识要胜于博而不精，甚至我们还会看到这样的谚语："样样都通但仍然养不活自己。"然而，随着时代的发展，如今，越来越多的行业都要求员工拥有多项技能，以确保企业的发展和获得成功。

想要在某个行业中首屈一指，你必须超越这个领域所有人。但是，同时在三个或者更多行业中表现突出而不是拔得头筹（虽然这样的人凤毛麟角），要比你在某一领域里保持第一容易一些。

成为一个博学之人对于获得职业生涯的成功来说是十分重要的。本书中，你将会学到成为博学之人必备的思维模式。

一、两条通往博学的道路

一直以来，许多理论都在阐释如何成为一个博学之人。其中之一就是霍华德·加德纳提出的多元智能理论。为了帮助大家更好地理解这一理论，首先我们需要深入了解一下传统意义上的智能。

历史上，智能曾被认为是一元的。这种观点认为一个人的智力能力是伴随着基因遗传而与生俱来的，日后不会改变。一元智能主要包括人的语言能力和逻辑能力，并且它是可以通过诸如智商测试这样的标准测试进行测量的（Lumen-Learning[⊖]，基思，2009）。

[⊖] LumenLearning 是美国的一个开放教育资源平台。——译者注

在此理论之后，我们对于智能的认知有了很大的提高。哈佛大学心理学家加德纳认为，传统意义上对于智能的认知无法对不同个体学习方式和智力水平做出有效的解释。传统意义上来说，善于表达和解决复杂逻辑问题的人被认为是聪明的，但加德纳则认为在更富有创造性的领域，如建筑、音乐和舞蹈等领域具有天赋的人才称得上是聪明。

那些擅长于创造但逻辑理解方面较弱的人通常被认为有习得障碍和注意力缺陷障碍，因而被冠以后进生的称谓。这是由于传统的课堂教学不能为具有创造性学习能力的个体提供他们所需的课程，使他们不能在自己所擅长的领域得到应有的发展。加德纳的理论对这一传统陈旧的智能认知进行了革命性的颠覆。

那么，多元智能理论到底是什么呢？加德纳认为，每个人都至少通过七种智能模式来获取和掌握信息。所有这些智能模式都可以通过恰当的学习方式来获得，但也会有个体习得水平方面的差异。以下是多元智能理论中智能模式的分类：

1. 语言智能

语言智能型个体普遍具有很强的表达能力，他们擅长通过语言和文字来表达自己。对这样的人来说，学习新语言很容易。他们喜欢阅读不同类型的文学作品，玩字谜游戏或者辩论。总之，在文字处理方面，他们很有一套。从事语言相关工作的律师、作家、演说家、记者等常在这一方面显出优势。

2. 数理逻辑智能

拥有这项智能的人习惯于逻辑思维方式，并且有很强的推理和总结能力。他们抽象思维能力强，擅长解决与概念和数字相关的问题。他们很适合学习数学和自然科学。编程、科研和会计行业都非常需要此项智能。

3. 视觉空间智能

视觉空间智能突出的人能够以非常严谨准确的视觉感受获取空间信息并进行处理和运用，这一点跟数理逻辑智能有些相似。但视觉空间智能更多地与空间、环境以及置于其中的物体相关。建筑师、画家和工程师都是这种智能的典型代表。

4. 身体运动智能

拥有此项智能意味着可以运用肢体和肢体运动来获取记忆信息，这类人更倾向于动手而非动脑。他们喜欢用肢体语言表达自己。运动员、健身教练、舞者和演员都是拥有较好的身体运动智能的代表。

5. 音乐韵律智能

倾向于音乐韵律智能型的人主要通过声音、节奏、韵律、鼓点和曲调来学习。他们的才华主要展现在创作、表演和音乐鉴赏方面。指挥家、作曲家、音乐教师、乐器演奏家和歌手在这一方面比较突出。

6. 人际交往智能

人际交往智能指的是能够很敏锐地意识并捕捉到他人的情绪、精神状态和心理需求的能力。我们常把这种人称之为"社交达人"。他们能很快跟任何与他们打交道的人变得熟络。该类型的人有很强的共情能力，能够交到很多朋友，并能在与人交往的过程中学习到新东西。

7. 自我认知智能

这项智能跟上一种智能类型恰好相反，它指的是对自身的精神、思想和情绪的认知能力。擅长于自我认知的人能够清楚地意识到自身的优缺点，知道自己恐惧什么，想要什么，能做什么。咨询师、社会工作者、哲学家都是拥有较高此项认知能力的群体（LumenLearning，基思，2009）（《简单心理学》，马里纳斯，2020）。

加德纳在七种智能理论基础之上，又增补了另外三种智能模式：自然探索智能、存在智能和灵性智能。近年来，存在智能和灵性智能受到了更广泛的关注，但加德纳强调新增补的三种智能与之前的七种智能有着本质区别，各自都有其重要性。

自然探索智能，正如其名字所展示的那样，它强调的是区分各种植物、气候、动物以及其他自然现象之间细微差别的能力。具备存在智能型的人们更善于解决生活中一些深刻问题，诸如我为什么存在，上帝是否存在，等等。灵性智能则指的是一个人将生活和行为置于一个更广义的范围去认知并以此来激励和指引人生方向的能力（LumenLearning，基思，2009）。

基于加德纳多元智能理论的观点

明白了上述几种智能模式之后，我们来看一下它们与成为一个博学之人之间的关系。有一种观点认为要成为一个博学之人，至少应具备上述智能中的三种。例如：一个咨询师因为具有较强的人际交往智能可能与自己的父母相处得很好。但是，要成为一个精通人际交往且博学的人，他可能也希望提高自己的语言智能、自我认知智能和数理逻辑智能。

同样，一个艺术家可能有很好的视觉空间智能和音乐韵律智能，但是，如果他能够提高自己的人际交往智能、语言智能和自我认知智能，就会比仅仅只是擅长于艺术能取得更大的成就。

　　赞成这种观点的人认为知识和技能的习得需要循序渐进。同样，为了成为博学之人，训练自己的多种智能不能一蹴而就。但在反对者看来，这几种智能之间到底有何区别或者说这几种智能是否真的存在还是有待商榷的事情。即便如此，加德纳的观点也依然是受到学者们追捧且很有影响力的理论。除此之外，还有另外一个关于如何成为博学之人的重要观点，我们将在下一个部分具体阐述。

智能的生物学观点

　　关于如何成为博学之人的第二个观点，它与传统的智能认知理论以及加德纳的多元智能理论都有一些相似之处。由于智能的发展很大程度上依赖于人脑的构成和发展，所以我们把第二种观点称之为智能的生物学观点。我们的大脑是人体中最为复杂的器官之一，它拥有将近 1000 亿个神经元和100 万亿个神经连接，它们之间相互协作保证了人体日常的各项功能。

　　大脑的不同分区有着各自的功能。博学之人的大脑各个分区功能性良好并且具有很好的整体协作能力。众所周知，我们的大脑，一部分负责逻辑思维，另一部分掌管语言处理。

根据智能的生物学观点，要成为一个博学之人，你的大脑的各个分区都需要拥有超过常人的逻辑思维和语言处理能力。请继续阅读，了解更多这一理论的相关内容。

你可能听说过左右脑理论。如果你做事有条理，且总是理性思考，那么你属于左脑型人，而倾向于艺术性思考的人则属于右脑型人（《健康热线》，威瑟斯庞，2019）。

这一理论是基于科学家们对于大脑不同区域的具体分工而形成的。为了更进一步理解该理论，我们需要首先了解一些人脑结构的基本知识。

人脑主要由三个部分构成：大脑、小脑和脑干。大脑分为左右两个半球，它们负责控制人类的运动、语言、听觉、视觉、情绪调控和理性思维，等等。每个大脑半球又被分为四个脑叶（额叶、颞叶、枕叶和顶叶），它们各自控制上述功能和其他一些功能（《健康热线》，赛拉迪·舒尔曼，2018）。

额叶位于大脑前区，它负责大脑许多重要功能：情绪调控、理性思维、制订计划，还有最重要的，它决定了我们的个性。额叶在人类自我表达、记忆、语言、冲动控制、性行为等方面都发挥着作用，它决定了他人对我们的感知。

颞叶位于我们头部的两侧，接近耳朵的位置，主要有两个不同的角色。首先，它控制着我们的视觉记忆，帮助人类记住人的脸庞，识别物体等。第二，它控制着我们的语言记忆，帮助人类理解语言。除去这些功能，颞叶还负责长期记忆的形成和气味记忆的留存。

顶叶主要负责视觉空间智能。另外，它也负责与视觉、听觉、疼痛以及其他感官相关的数据的解释。顶叶将接收到的不同感官数据进行处理来辅助人类认知和思考（KenHub，一个医学网站，沙希德，2020）。

最后是位于大脑后区的枕叶，它的主要功能是处理视觉信息，主要包括色彩、形状和明暗等。

正如你所知，共同构成大脑的这四个脑叶主要职责都是处理接收到的各种感官数据，进而进行人类认知活动。然而，人脑的另外两个主要部分——小脑和脑干，在我们各项身体功能中也起着举足轻重的作用。

小脑位于大脑的下方，对于身体运动的协调性具有重要作用。它帮助我们保持动作姿态和行走平衡；进行各项运动，例如骑行；还有与动作学习相关的活动，例如学习弹奏乐器。另外，小脑也控制着我们的语言能力（《今日医学新闻》，费舍尔，2018）。

小脑控制着我们的随意运动，而脑干则主要负责非自主运动。主要包括呼吸、心跳、睡眠和饮食节奏以及疼痛敏感度等。脑干极为重要，因为所有需要大脑和小脑处理的信息数据首先要经过脑干。因此，脑干的任何损伤都将是人脑最具灾难性的伤害（KenHub，克龙姆比，2020）。

可能你会觉得偶然看到的这些生物学知识并没什么重要的，但这些知识——人脑不同区域的功能分布，对我们来说至关重要：它能告诉我们如何成为一个博学之人。假如我们要否认加德纳的多元智能理论是变得博学的原因，转而支持这个生物学观点，那么我们就会认为博学之人都拥有一个发达的头脑，一个极其出色的大脑。

众所周知，大脑中沟回褶皱越多的人越聪明，这是因为这些褶皱增加了大脑的表面积，从而有了密度更大的神经元。因此，如果你的头脑的某些部分，例如额叶和小脑有更多的褶皱，那可能就是你很博学的原因。额叶褶皱多意味着更强大的推理能力，而小脑褶皱多则意味着高超的语言表达能力。

由于加德纳的理论更加抽象，所以接受他的观点可能是被诱导的缘故。但是生物学观点则看起来更加有科学依据，因此更加可靠。

当然，我们也可以将这两种理论结合起来，看一看到底是什么造就了一个博学之人。拥有较强视觉空间智能的人可能就是因为大脑顶叶较为发达。同理，数理逻辑能力强的人也只是有较之于普通人更为发达的额叶罢了。

这一点指出了两个理论的一个相同点：即它们对某种特定功能的描述，一个是某种特定智能的功能描述，一个是大脑的某个特定部分的功能描述。然而，不容忽视的是：以类似于加德纳的方式去谈论不同类型的智能，和真正相信这些智能的存在，二者之间还是有区别的。

例如：我们说某个人有音乐天赋并不意味着加德纳音乐韵律智能的存在，这个人创作了许多音乐作品可能仅仅是因为他的大脑比较发达。

那么，到底孰是孰非？是加德纳，还是生物学观点，谁能更加精准地告诉我们怎样成为一个博学之人？抑或是两者结合起来才能给我们答案？

通往博学的两条路

事实上，上述两种理论在解释博学能力方面都不尽完美。我们会因此感到宽慰，因为我们可能很容易相信博学之人只是有一颗更加发达的大脑，或者说他们天生就比我们聪明，但这两种可能性都是不准确的。

尽管这两种理论从各自立场上听起来都很有道理，但我们也看到这两种理论都没有得到足够的科学研究支持。以加德纳的多元智能理论为例，当某个个体在音乐或者辩论方面展示出优势时，并没有证据表明这就是某种特定的智能在起作用。另外，加德纳提出的智能模式也很难被测量与评估。甚至某些智能，诸如自我认知智能和人际交往智能，都很难被定义。

使情况变得更加糟糕的一个原因是加德纳既无法给出每种智能模式的具体构成，也无法提供相关的证明依据。相反，他只是给他的智能理论做出了泛泛解释，这使得他的理论与其他任何关于智能的理论一样没有特色（《今日心理学》，麦格雷尔，2013）。

抛开这些问题，历史上有很多学者曾非常努力地去证明加德纳理论的正确性。他们提出了一些自己对于该理论的评估标准，但至今尚未有任何一个标准可以为加德纳理论提供强有力的佐证。

但人们又普遍存在一个共识：加德纳所强调的几种智能之间是紧密关联的。所以，如果一个人拥有较强的数理逻辑智能，一部分原因应该是他也拥有较强的语言智能。另外，加德纳理论中的自然探索智能被认为跟其他七种智能有着紧密联系（《今日心理学》，麦格雷尔，2013）。

加德纳的理论确实存在一些漏洞，但也确实有其合理之处。这一理论有力地回击了智商测试的权威性，让人们相信智商并不是决定人是否能够变得聪明或博学的唯一因素。另外，他的理论也向人们传递了一个信念：人的智力并不是生而不变的，只要运用科学的方法和手段，我们的心智能力是可以改变的。这一结论告诉我们成为博学之人是可能的，因为任何人都有掌握多种技能的能力。

然而，一个不争的事实是能够为加德纳理论提供佐证的科学研究少之又少。成为博学之人不仅知识面要广博，而且要能够灵活运用这些知识。遗憾的是，加德纳的理论也没能够证实一个在自我认知、人际交往和语言智能方面突出的人就一定可以做到在人际交往中自如沟通交流并给予自己客观的评价。

那么，我们再来看看生物学观点为什么也没能够就博学能力给出科学的解释。对于生物学观点的批判与对加德纳理论的批判大致相同：二者都是用割裂的眼光看待多元智能，而这一点恰恰与我们对于人的聪明才智的科学认知相违背。

那些声称人类大脑的各个部分分工独立工作的言论很显然是一种误导。仅从最基础的常识我们就能知道，人类大脑不同分区的功能运作具有重叠性。例如，大脑四个脑叶之间都在对接收到的感官数据做出处理。

听音乐就是一个很好的例子。依据我们对大脑各个脑叶功能的描述，颞叶和顶叶两个分区负责处理听觉信息，因此你可能会认为是这两个分区在对我们听到的音乐进行数据处理。然而，听音乐的过程中不仅是这两个负责处理音乐数据的脑叶在工作，还有额叶甚至是小脑都参与在其中。由此可见，就像许多其他的活动一样，听音乐这个活动几乎调动了整个人脑。

生物学观点不被认可的另一个原因是人们几乎无法控制大脑各部分的发育。人脑90%的发育在五岁前完成（布朗，杰尼根，2012）。据此观点，如果一个人想变得博学，那么影响这个人成长的各种因素，如生长环境和文化背景，都将起到巨大的作用。

从这个生物学角度来看，一个人想要获得博学的能力是根本不可能的，因为外部因素完全属于偶发因素。这样一来，基因论似乎完胜——聪明人之所以聪明，就是由于他们在基因遗传这场运气比拼中赢得了头彩，差了点运气的人们就自认倒霉吧。但幸运的是，我们知道这个观点是错误的，我们相信一个人确实是可以"成为"博学之人的。

综上所述，成为博学之人的生物学观点被驳斥得体无完肤。进而，左右脑理论也开始被人们所怀疑，它同样也在主张人脑的不同分区有独立的自我分工。然而这些理论却经久不衰，原因是这些理论似乎让我们更深入地了解到我们是谁，为什么我们不能成为我们想成为的人。假如你擅长数学，那不过是因为你是左脑型人。如果你精通音律，那只是你的右脑"善于表达"而已。

这样浅显易懂的解释让你深信不疑，但真相却远非如此简单。为什么一个人会擅长于逻辑思维而不是艺术性的表达，这是由一系列极其复杂的生物学因素导致的。就好比听音乐这个例子一样，它们二者也都需要人脑的各个部分进行协作。

二、跨学科能力是关键

如果想成为一个博学之人，你需要具备两种优点：不断学习新东西发现新问题的好奇心和为学习新知识所付出的时间和努力。博学之人生来并没有什么特别之处，他们只是愿意花时间去做那些他们想做的事情，并且做得很好。

某种程度而言，学习本身就是一项技能。充分的自律和坚定的专注是保证你能够获取新知的前提，尤其是当这些新知对你来说具有挑战性且与你原本知识储备关联不大时。长久以来，人们普遍认为学习就是要学一行通一行，切忌贪多嚼不烂。这种认知很容易让我们放弃提升跨学科能力。几百年来就一直有这样的警告，让我们不要想着多面发展。莎士比亚就是最早一批收到这个警告的人。

现代社会中拥有跨学科能力的意义

一些文化中也有类似的说法。例如，在东欧就有"手艺多一行，穷困别着忙"这样的谚语。这样观念的形成有其特定的时代性，但身处一个日新月异、竞争激烈、经济腾飞的时代，不论我们从事何种职业，让自己拥有更多跨学科能力才是保证自身价值的关键。

当今以经济建设为中心的社会发展浪潮里，有一个概念对我们而言意义日益深刻：异花授粉的力量（跨学科能力）。异花授粉顾名思义就是不同植株间的花粉传播，它能产生杂交优势，培育出更具生命力的植株。

这个概念在商业世界也同样适用。掌握不同专业领域的技能会使一个人具备更强的创新力和创作力。近些年来，这一说法得到了许多学术研究的认可。

在《哈佛商业评论》中，弗莱明·李的一份报告对17000项专利的发明进行了深入研究，他发现，相较于术业专攻的发明者，具有跨学科能力的创新者在提出有效的金融想法方面确实略逊一筹，但后者在创新中一旦取得突破，结果将非比寻常，优势尽显。

另一份研究中，美国西北大学的教授布莱恩·乌齐分析了数百年以来超过 2600 万份的研究论文。他发现，对后世最具影响力的论文多数都是由具有跨学科背景的团队所完成的。

第三份调查来自大卫·爱普斯坦，他在《领域》一书中提出：更有影响力的科学家往往都是对他们自己研究领域之外还有广泛兴趣的人。

最后，罗伯特·鲁特.伯恩斯坦和米歇尔·鲁特.伯恩斯坦证实：在艺术方面拥有更多兴趣的科学家更有可能在自己领域创造出卓越成绩，这样的科学家能够将自己视听方面的艺术特长融入自己的专业领域，创造更大的价值，获得更高的认可，如获得诺贝尔奖。

以上这些研究只能算是众多关于博学与成功这一方面研究中的冰山一角。这些研究有力地证明了跨学科能力要比单一专精更有优势。然而，这里还有一个更为关键的研究，它能让我们明白究竟何为博学之人以及如何成为博学之人。

迈克·阿拉基的博学之人理论

迈克·阿拉基是为数不多的几位想要创建完整的理论体系，清晰阐述成为博学之人所需必备要素的理论家之一。总体来说，博学之人指的是非常有智慧的人，或是有很多特长的人，甚至可以说是一个可望而不可即的理想。

像上文中这样下定义的方式存在的问题，就是没有具体的衡量标准。到底有多少智慧算是博学了？需要在几个方面有所擅长呢？该怎样界定自己是否真的擅长某事呢？这样看起来，想要成为博学之人似乎有些缥缈，但阿拉基为我们找到了一个很好的对策。

阿拉基认为，博学之人必须具备三个要素：知识的广度、深度和融合度。

广度是三要素之首，它指的是掌握多种不同学科领域中的知识和技能。通常也被认为是博学之人必备的唯一要素，但阿拉基并不认同这一看法。广度仅仅意味着在某些特定领域中具备的浅层知识。因此，假如你对弗洛伊德理论略知一二，你的心理学知识加上感兴趣的其他领域的知识，就可以体现你的广度。

深度是指在某一特定领域中知识的纵深积累。深度与广度相结合，构成了你在多个领域的知识储备总量。然而，仅有这两个要素，你并不能成为博学之人。你可能储备了很多心理学、哲学和政治理论知识，但这并不意味着你能跨领域运用它们。

要将不同领域中的知识综合运用需要具备融合度。成为博学之人的最后一个关键密钥就是将所具备的跨领域知识融会贯通，进行创新。深度、广度和融合度的结合与前文提到的异花授粉理论有异曲同工之妙。两种不同植株进行授粉，会孕育出全新的植株，这正是阿拉基的博学之人理论想要传递的思想本质。

你至少需要选择三种不同领域的技能，充分了解并熟练掌握，然后融会贯通。让我们以列奥纳多·达·芬奇为例，如果他只是擅长画画、数学和创造发明，那他也不会被我们称为博学之人。我们认可达·芬奇的关键是他将数学原理运用于绘画，并在此过程中进行了发明创造。他用多数人无法做到的方式将自己擅长的技能进行了跨领域结合。

阿拉基的博学之人理论解决了先前我们提到的几种理论中所遇到的问题，它使你明确如何衡量自己在特定领域的专精程度，也能让你看到要想成为博学之人还需要付出多少努力，这两方面都是融合度这一要素在发挥作用。

如果你对自己选择的领域不甚理解，那你很难将它们融会贯通。同理，如果你可以将它们融会贯通，那说明你已经对自己所选择的领域了如指掌了。

三、几条准则和一个计划

对于究竟什么是博学之人以及如何成为博学之人，此时你应该已经非常熟悉了。现在，是时候把理论付诸实践了。基于个人能力，制定切实有效的行为准则，以下就是具体实施方案：

第一步，至少选择三个不同的想要精通的领域。例如：学习弗洛伊德理论和荣格心理学就不能算作不同，因为它们是同一领域下的两个分支。不要轻易去选择心理学、哲学和政治理论这样的组合，选择那些与自己的工作相关的领域会更有好处。

第二步，在广度上下功夫。了解与你所选择的领域相关的知识。维基百科网页里一些相关话题的引文就是一个很好的开始。你也可以阅读搜索引擎搜出来的前五或前十篇文章。这个阶段，你要做到的就是对自己所选择的话题进行全面的了解。

第三步，向深度迈进。有几种方法可以做到这一点。借助你偏好的媒介类型，你可以通过不同方式获得自己研究领域的相关内容。如果喜欢阅读，就去亚马逊买几本书吧。

另外，如果你喜欢视听学习方式，那就寻找一些入门级、中级和高级网课来进行学习。如果你选择的是学术领域，跟我们的例子一样，这就比较容易了。然而，某些情况下，你可能需要整合不同的上课资源，例如：书本、播客、YouTube 视频网站、在线课程，等等。

第四步，具体操作过程中，你可能会觉得自己选择的话题过于宽泛，这时，为了更好地把握整体，你需要选择几个子话题。例如：哲学领域的伦理学或形而上学；政治理论中的自由主义和极权主义运动。

不需要面面俱到，所以你可以依据个人兴趣选择子话题，然后认真对待。子话题越多越好，但是同时，切记你的选择要实际且可控，只有这样你才能够掌握话题，完成研究。

第五步，接下来是将所学融会贯通，这也是最富有挑战性的一步了。我们举例说明：假如你具备一些弗洛伊德心理学知识，对极权主义和伦理学都有所涉猎，那么你可以去研究纳粹这样的独裁政府如何运用心理学影响人民，并且研究一下这一策略是否具有正当性。法兰克福流派也是运用这样的方法来研究纳粹党的兴起。

将所学知识融会贯通的最好方法就是依据所选择的主题，先找出它们之间的共通之处，进而将其融合。上述事例中我们可以看到，极权主义政府明显具有压迫性，我们就可以从心理学角度去分析这种压迫是如何走向灭亡的。谈到压迫就必然离不开其伦理道德性。但是纳粹的出现究竟是谁的责任呢？希特勒本人，他的内阁，整个纳粹党，抑或是整个德国？不同主题之间总是存在共通点，我们要做的就是认真分析研究。

关于如何成为博学之人，我们再来看第二个例子：

第一步，另选三种你想了解的技能领域，例如：神学、哲学和逻辑学。

第二步，从基础开始，认真学习这三个领域的相关知识。在选择的神学和哲学当中，你可以从哲学领域来研究罪恶这个问题——上帝的存在性就是相应地解决该问题的出发点。由此，我们可以这样来思考：如果上帝存在且是完美的、无所不能的，那么罪恶又是如何存在的呢？然后，从逻辑学领域出发，你需要运用演绎论证法来阐述上帝与罪恶之间的相关问题的真假虚实性。

第三步，当你在广度上有所进展之后，就要开始向深度进发了。深入研究你的问题：费奥多尔·陀思妥耶夫斯基和汉娜·阿伦特推崇的罪恶二元论，以及其他众多关于神学的不同论点。它们有助于你理解罪恶多形式存在的原因。接着，从逻辑学思维去研究这些论点的真实性。

第四步，选择子话题。这一步我们之前已经完成，因为这一步是基于三个领域间的内在联系来选择的。罪恶的问题是神学和哲学方面的子话题，而逻辑学方面我们选择了辩论三大方法之一的演绎论证法。

第五步，融合这三个领域。以逻辑学为依据，将神学与哲学相融合，研究确定罪恶与上帝是否可以共存。

在计划层面，你需要把目标设计得更广一些，这样才能确保自己花时间做的事情不会违背自己的意愿。通过以下六个步骤，你可以做到这一点：

第一，确定你要了解的知识领域。这是显而易见的问题，但也是决定事情发展走向的关键。

当你考虑该从哪里着手时，你首先会想到自己的优势或弱点。通常情况下，不论是在工作中还是生活里，我们最好是"扬长"而非"避短"。毕竟，没人要求我们做一切事情，而且即使遇到问题，求助他人也是可以的。但是，在某一或者某几个领域内表现突出，很容易让我们成为该领域的专家，而这一点又是许多人所渴望的事情。因此，当你想要在某个方面发展时，重点放在自己的优势方面不失为上策。当然，如果你就是想突破自己，去接触一个全新领域，也是无可厚非的。

即使你只是想提高自己的专业技能，做出具体选择时也应该慎重考虑。职业发展是必须的考虑因素，你个人的喜好也应该被认真考量。如果你讨厌与数字相关专业，即使获得这方面的学位意味着更高收入，那也不要勉强自己去做这些。

达琳，一个网页开发工程师，对于她自己开发的网站，她更想把主动权掌握在自己手里，而不是面对困难无能为力时不得以将其外包出去。此外，她还希望自己可以掌握Scratch 语言、独立编写代码、完全掌控网站运行。因此，她对自己的学习前景规划就是掌握更多种类的代码编写语言，成为一个全面的有竞争力的网站开发者。

第二，认清当下自己的技能水平与期望值之间的差距。与期望中的自己相比，你还有何欠缺？目前你处在什么层次？你需要弥补哪些知识？有谁能够帮你弥补这些欠缺或者你是否应该着手寻找需要的资源？一旦确定了自己想发展的领域，你就能够明确自己具体需要学习哪些知识和技能才能够一步步靠近目标。这样一来，你的目标会非常具体，从中你能找出自己的欠缺。

达琳的工作是网站开发，她对许多最新版的超文本标记语言和层叠样式表语言了然于心。但由于某些专业知识的缺失，她把一部分代码编写工作外包了出去，这就削弱了她对网站版本的控制权，并带给她一种无力感。如果她想填补这块知识的空白，她需要进一步学习。她决定学习 Java 语言，因为这是她在工作中接触最多也最陌生的知识点。

第三，针对你的问题、不足和目标找到有效的解决办法。这需要你了解自己具备何种条件。你善于自学还是集体学习？你是否需要一个自由的学习时间或者是否有能力承担定时定点地学习的费用？你的日程安排、收入水平和个人偏好都是确定适合自己的学习资源时需要考虑的重要因素。

现代社会中可供学习的渠道很多，从书本、杂志、网站、播客到研讨会、工作团队和正规课程，再到多场景下的一对一专业指导。

选择学习渠道时，你的个人学习偏好应该作为考虑因素，但它也仅仅是考虑因素之一。你还需要考虑你的学习资源和导师的声誉度，以及你是否可以从中获得相应的资格证书或者具备某一领域的执业资格。交通便利性也是需要考虑的因素。不论你的导师多么出名，你无法按时上课也是没用的。相比之下，自学缺乏来自外界的智力和技术支持，而班级授课或者导师授课能够提供更大的帮助，或者拥有更强的外界监督。如果这样的专业支撑和群体监督更能够让你从中受益，那花钱也是物有所值的。

达琳的学习动力很强，但是时间有限。因此，在考虑过本地的大学课程、自学和私教学习三种方式之后，她最终决定通过可以灵活设置学习进度的网课来学习。这些网课不具备让她获得某种资质的条件，但她做了规划，她可以在上完网课之后参加专门的能力认证考试。而且通过网课学习，她可以马上在工作中学以致用，不用为未来担忧。

第四，绘制你的学习蓝图。一旦确定目标，你就需要找到能够帮助你实现目标的导师。这些导师将要带领你一步一步接近目标。

如果这位导师是一位已故的名人，你可以对他们的人生经历进行研究，从中发现他们成功的秘诀；如果你的导师并没有太高声望，那样更好，因为你可以跟他们面对面，亲自聆听他们的成长故事，把他们在追寻目标的道路上经历的坎坷、接受的教育和面对的人际关系记录下来，作为自己人生道路上的榜样，这样可以使你在自己的研究水平基础之上纵深提升自己。

达琳跟她的团队主管就如何最大程度提升自己的职业发

展程度进行了交谈，并希望在适当的机会请团队主管充当她的导师。团队主管给予了她一些针对性的指导，比如她需要学习何种技能以及在习得一定技能之后需要考取哪些证书，并且把其中可能会遇到的困难以及解决办法一起告诉了她。达琳未必会走与主管相同的道路，但做蓝图规划可以使她更加明确自己的需求。

第五，制定可量化的目标。你的学习目标应该是直观、具体和可量化的。对照自己依据预期进度制订的计划，明确每个目标完成的时间节点，不可半途而废。把你的目标置于明显的位置，让你身边的人清楚状况并形成一种无形的监督。请记住，在设定的时间点内获得具体、可量化的技能和能力，使其服务于你最终的学习目标。

如果你选择了课堂环境来学习，除了课上这段固定的学习时间之外，你还需要有自己额外的时间用以复习和巩固。没有任何一种课堂可以给你提供全部所需的练习。如果你选择的是自学，持之以恒地按照计划去完成学习就更为重要了。

请记住，即使你拥有最好的能力，真正掌握一门技能也需要花费一些时间。所以，一定不要吝惜学习时间。你不仅需要看学习视频，也要消化所学到的东西，进行有效的课后练习，纠正学习过程中的错误，这些都需要时间保障。

达琳根据她的网课单元进度制订了自己的学习计划。她安排了专门的上课时间，细化到了每个单元的时间分配。另外，她还为每周的单元测试预留了时间。她把学习计划在手机的备忘录中编辑了一份，同时还打印了一份贴在她的办公隔间里。按照计划坚持下来，她一定可以实现自己的目标，熟练掌握程序代码的编写。

第六，要给自己留出总结反思的时间，评估自己是否实现了最大进步。毕竟，如果一条路走不通，我们还能有其他办法。你只需要有更多的责任心和独立性。你需要一个能够让自己实现目标的计划，而不是做毫无意义的时间消耗。厨师会在烹饪过程中不断品尝来确定口感，我们在实施计划的过程中也是如此，需要不断总结反思。

达琳一直认真地执行着自己的计划，并对自己取得的进步感到欣慰。逐渐地，她感到所学的知识已经不能满足自己的需求。因此，她经常向她的导师进行咨询，而她的导师也非常愿意提供帮助。最终，她如愿以偿地获得了自己想要提高的能力，并成为一名更加具有实力的员工。

本章要点：

- 日常生活中，总会有人用各种方式告诉我们成功的关键就是要专精于一行，样样都学是不可取的。可是，很多杰出的人就是因为具有跨学科的学习能力而让自己闻名于世。

- 当今时代对人才的需求越来越倾向于拥有跨学科学习能力的博学之人，这就促使我们不能只具备单一能力，而要拓宽自己的能力范围。

- 但是，究竟如何成为一个博学之人呢？霍华德·加德纳的多元智能理论就是很好的答案。他提出了音乐韵律智能、视觉空间智能、语言智能等七种人人具备的智能模式。如果你具备了其中三种或三种以上智能，你就能够成为一个博学之人。

- 另外，还有生物学理论。该理论认为，人脑的不同部位具有自己独特的功能。例如：书写能力由大脑额叶负责，而理解能力则由大脑顶叶负责。博学之人拥有一个强于常人的脑叶构成的大脑。

- 那么，这两个理论哪一个才更准确呢？真相是这两个理论都有自身的不足之处，也都并未得到任何科学研究的理论支持。加德纳的多元智能理论至今无法被科学验证，生物学理论的观点也明显有其无法自圆其说之处。

- 一个真正的博学之人必须具备以下三个要素：知识的广度、深度和融合度，这也被称之为跨学科能力。相较于普通人在处理问题时的单一考虑方式，具有较强跨学科学习能力的人能在多个不同领域取得成就并将它们有机融合、综合运用。因此，你会看到一个具有艺术细胞的科学家能够借助自身的艺术理解优势，助力他在科学研究领域取得更大的突破。

第二章

如何提高知识技能的迁移能力

正如我们在前一章节所讲到的，成为博学之人最难的一点就是将所学的各个不同领域的知识融合成为一个整体。这一章节，我们将重点阐述成为博学之人的诀窍和步骤。

其中关键一步是理解何为学习迁移，所有将某一领域所学运用于另一领域的过程中都会发生学习迁移。某种意义上来说，我们也在这种迁移中不断习得新的技能，只是很多时候是潜意识的，你并不会明确感知到。通常，我们都是运用已知来获取未知。

例如：用做生意或财经方面的知识来学习数学，同样，数学课上学习了百分数的计算，把这个知识运用于餐厅打工挣到的津贴的计算，这就是学习迁移的典型例子。

问题是，学习迁移通常并不像我们想的那样简单，我们经常不清楚如何将自己所学知识运用在另一个领域，甚至会做出错误的联系。然而，一旦你理解了学习迁移背后的原理和方法之后，你就能很容易且高效地优化自己学习知识技能的方式了。

学习迁移理论是 1901 年由爱德华·桑代克和罗伯特·伍德沃斯提出的。当时，一种主流的学习迁移理论是形式训练说，该理论与我们之前讲到的生物学理论存在相似之处：形式训练说的支持者认为人脑中有特定的官能分区发挥不同的功能，如注意力、记忆力、逻辑思维能力和语言表达能力等。

为了提高某一特定的官能，形式训练说认为人们需要提高自己从事某项活动所依赖的大脑官能。因此，如果一个人想要提升自己的辩论能力，他需要通过数学训练来强化逻辑思维能力。同样地，要成为一个优秀的作家需要通过学习拉丁语之类的语言来提升自己的语言表达能力。

尽管该理论被认为是古希腊的思想家柏拉图创始的，桑代克和伍德沃斯的研究还是向它提出了挑战。后者认为学习中训练某一官能，如逻辑思维能力，未必能使与其相关的所有方面都得到改善。他们认为学习迁移需要不同领域间的知识技能在某种程度上存在共同要素时才会发生。

这种学习迁移模式被称之为共同要素说。目前，学术界有六种与学习迁移相关的理论，共同要素说是其中最具影响力的。

根据这一理论，学习迁移只有在两种情境有共同要素时才可以产生。例如：知道如何做针线活儿可不会帮助你成为一个优秀的跑步运动员。由此可知，尽管成为一名有所成就的博学之人需要学习多种不同领域的知识和技能，但是所学的各领域间也不能毫无瓜葛。另外，你还要知道，不同领域间的关联越多，学习迁移就越容易发生。

另一个实现学习迁移的重要因素是要有积极主动的学习意愿。传统观点认为学习是一个单向的过程：老师、学者或者课题导师给我们提供学习内容、方法、建议和诀窍，我们照学照做即可。诚然，这是获取新知的好办法，但却并不是能够让你学以致用的好方式。

对于这一点，我们必须拿出自己的社会经验和已有知识储备来辅助我们进行学习迁移。学习方式是因人而异的。你的方法、精神状态、自信心和焦虑程度都会影响你的学习迁移能力。

一个积极的学习者意味着他能够意识到以上因素的影响作用，并且能根据具体情况对自己的学习方式作出调整。如果你讨厌数学但还强迫自己去学习数学，那么当你在实际生活中运用数学知识的时候，你并不太可能产生有创造力的想法。相反，如果你热衷于阅读，你则很有可能将你曾经读到的内容应用于辩论或讨论当中。

因此，我们必须尽可能让自己成为一个积极热情的学习者。持之以恒地练习以及理论联系实际都是很好的办法。如果你做运动，那就运用数学来计算你从事的运动项目的相关数据。同理，如果一个商人想学习法律，可以在员工合同、营业执照和员工准则等方面找出与法律的关联之处，然后把学习到的知识运用其中。

成为一个积极的学习者的另一个策略是培养对自己所学知识的好奇心。这一点要求你将学习与生活相融合，努力找出所学知识与生活中的方方面面存在哪些独特的内在联系，这些联系可以发挥怎样的作用，它们是否能够帮助你在长时间内得到提高。

这个方法不仅可以提高你的学习迁移能力，而且还能够帮助你掌握更多技能，更有可能成为一个博学之人。

为了更进一步了解学习迁移并在学习中更有效地运用它，我们需要对各种不同的相关理论进行深入理解。尽管这些理论各有自己的立场，但在理解学习迁移的不同阶段，它们还是有很重要的作用的。不同的理论学者区分学习活动的方式不同，这里我们主要把它们划分为两大阵营。

第一阵营包括正迁移和负迁移。顾名思义，正迁移指的是当习得新知时原有知识起到了促进作用。如：你学会了数字并将其运用于加法运算，这就是正迁移。负迁移则恰好相反：你在某个领域习得的知识阻碍了另一领域知识的学习。

例如：一个学会了左侧驾驶的司机在学习右侧驾驶时，就会产生负迁移。你会发现，直接学习右侧驾驶要比先学了左侧驾驶再学习右侧驾驶要容易得多（利伯曼等人，2006）。

第二阵营可以被分为若干个子二元阵营。第一个子二元阵营里包含简单迁移和复杂迁移。当你将学习中习得的知识可以很容易地迁移到另一种学习中时，就是简单迁移。例如：学习如何启动一个应用程序或者笔记本电脑。一旦你学会了如何启动一个特定的应用程序，通过简单迁移你能够启动所有应用程序。而复杂迁移则需要你具备一定的分析判断力，将自己习得的知识运用到另外一种学习当中。

举例说明：假设你学习的是英制度量衡体系，但你从美国出发到加拿大旅游时遇到了公制度量单位"千米"，如果你能够将两种不同度量单位换算，得出自己走了多少路程，这就是你用复杂迁移得到正确答案的成功案例（利伯曼等人，2006）。

第二个子二元阵营包括无意迁移和有意迁移。无意迁移就是下意识的学习迁移，不需任何主观干预。如果你参与过学术创作，成果得到了发表，这就会自然而然地提高你在其他知识领域的写作能力，不需要你刻意地运用学术创作中获得的写作能力。

相反，有意迁移则是主观上有意识地将所学知识运用于另一学习领域的过程。有意迁移发生在关联性不高的知识领域之间。例如：进行视觉艺术创作时运用数学理念。一般迁移和具体迁移都属于有意迁移，二者都要求你进行思考并付诸行动（利伯曼等人，2006）。

最后一个子二元阵营包括特殊迁移和非特殊迁移。特殊迁移是指学习者能够清楚地辨别出已学知识和新习得内容之间的共同点，并直接运用到新学习之中。

例如：如果你将演绎逻辑推理法中的辩论方式运用于写作当中，你也可以将其运用于其他社会科学领域当中。主题改变了，但演绎辩论方式在两种情况中都适用（罗耶，1979）。

非特殊迁移则运用于在你目前所学和过往已有知识之间没有明显相似的情况之下。例如：你常常与动物相处并与它们建立了信任。如果你将这种信任建立方式运用于与人的信任建立，你就是运用了非特殊迁移。很显然，与动物相处之道并非一定要同与人打交道有太多相似之处。

非特殊迁移是发展博学能力的关键。大多数人可以运用同化性迁移或特殊迁移，但是那种能够在无明显关联的领域之间进行学习迁移的能力才是激发跨界潜能，成为博学之人的关键（罗耶，1979）。

一、学习迁移的六个阶段

了解了学习迁移的几个类型之后，我们就可以利用这些知识来有效地改进自己习得知识的方式。接下来，我们将运用罗伯特·哈斯克尔的学习迁移分类法，来助我们提升这种能力。

学习迁移的产生基本上要经过六个阶段，你应该使用哪类学习迁移来训练自己的跨学科能力取决于自己在学习领域中所达到的阶段。以下是这六个阶段的具体描述：

第一阶段：非特殊迁移。

第一阶段被称之为非特殊迁移是因为我们习得的一切都是基于过去的知识经验。例如：如果对数学一无所知，我们就无法学习微积分，我们首先需要理解数字并运用它们进行加法或者其他运算，然后再将这些计算知识运用于代数、三角函数、几何学，再到微积分。大多数人学习的方式都相似：温故而知新。

第二阶段：实用迁移。

这一阶段的学习迁移过程涉及我们对非特殊迁移阶段习得的知识的实际运用。例如：如果学习了加减法的基本知识，我们就可以算出每日开销了。

第二阶段主要包括了特殊迁移的运用，因为这时的我们对所学知识还只是一知半解，还需要练习和应用来巩固新知。对于这两个初始阶段而言，关键在于高效学习。一旦你达到了熟练的程度，你就可以进入下一阶段。

第三阶段：情境迁移。

情境迁移指的是将所学知识迁移到一个与之前略有差别的情境当中。在这一阶段，你会很容易因为自己的不正确判断，发生知识运用错误而受到负面影响。

例如：如果你熟练掌握了学术表达和正式表达的写作风格，那么当你在写一些非正式文章时也很容易显得过于学术或正式。而非正式文体则更倾向于另一种较为轻松的表达方式。过于正式的写作方式在这里就是一种负迁移。但如果你可以轻松地运用浅显易懂的语句表达，那你就可以进入下一阶段了。

第四阶段：近迁移。

这一阶段是对上一阶段的拓展延伸。这一阶段，是将自己习得的知识迁移到与原学习情境比较相似的情境当中。

比如，你学会了驾驶手动挡汽车，凭借这个经验，你可以驾驶一辆手动挡卡车。这个过程中，你完成了近迁移。近迁移的熟练程度对于向复杂情境迁移非常重要，因为这一步能够保证你的迁移是积极有益的。

第五阶段：远迁移。

达到这一阶段时，你距离博学之人的标准就更近一步了。远迁移考验了你将习得的知识经验迁移到相似性低的新情境中的能力。例如：你在学习数学的过程中意识到自己应该注重解题步骤，并且还会考虑一题多解。

如果你将这一策略迁移到投资领域，你就完成了一次远迁移。一旦你掌握了远迁移，你就更有可能成为一名博学之人，因为这一阶段要求你必须具备将所学融会贯通并创新使用的能力。

第六阶段：替换迁移/创新迁移。

在这一阶段，我们能够将之前所习得的融会贯通能力提升一个高度。能够成功地将所学创造性地加以运用算是达到了博学能力的顶峰。这样的能力也必将帮助你提出新发现、新发明，掌握具有革命性的新本领。

这里有一个创新迁移的例子：因为地心引力，你跳起来又落地。之后，你在坐电梯的时候感受到自己在加快向上，这个状态与你跳起来落地的力量感受相似。如果你能将这两件事情联系在一起，你就会明白这一上一下的力本质是相同的。爱因斯坦第一个发现了这个现象并将其命名为等效原理。

这样的迁移能力才称得上是创新迁移。爱因斯坦及与之相类似的人之所以在他们的领域能够取得非凡的成绩，就是因为他们能够将自己学到的知识非常熟练地融会贯通并创造出新的有意义的知识。按照以上所列六个步骤努力，你也可以培养出每个博学之人都需要的能力。

二、学习迁移背后的科学

至此，我们已经明白了迁移的类型和学习迁移的各个阶段。接下来我们来讨论一些有科学依据的方法，你可以使用它们来提高自己的学习效率和学习迁移能力。以下就是这些方法：

1. 在学习中培养技能的人学习迁移方面也会更成功

第一个方法就是学以致用胜于只是学习。例如：你的工作要求掌握某种电动工具的操作方式，你可以通过亲自动手实际操作来学习掌握，也可以只是通过阅读说明书来学习。

研究表明，前一个方式更有助于你将所需知识进行迁移。推而广之，就是要尽可能多地把所学转变成实际运用的成果。如果学数学，那就在日常生活中运用数学知识进行计算。如果学习政治，就将其与你听到的新闻联系起来（塔尔海默，2020）。

2. 学习过程中关注概念的人更擅长于迁移

这一点与上一点有紧密联系。假设你的学习中不涉及技能的习得，你所要做的就是掌握一些可以迁移到其他情境中的概念。当然，如果你既没有技能，也没有概念，那你肯定无法形成迁移能力。学习当中形成概念的一个简单方法就是从众多概念中总结提取出抽象概念，这样它们的适用范围会更广。

因此，如果你觉得在数学学习中细心和检查验证是有效的办法，你就可以把它当作普遍法则运用于写作和投资等领域。

3. 热衷于将所学应用于工作的学习者更有可能成功

这个方法与之前的积极的学习者的概念相呼应：你的个人精力、情绪状态对学习能力有很大影响。如果你对于自己所学的知识保持着积极和热情的态度，就不难发现自己的脑子里总是有更多的新点子、新想法。或者换句话说，如果你不喜欢物理，你一定会尽可能减少跟它的接触。

相反，如果你总是注重保持对物理的好奇心和兴趣，你就更有可能把它学透并应用于日常生活中。其他学科同样如此（塔尔海默，2020）。

4. 越早有机会学以致用的学习者越擅长于学习迁移

这一点也适用于解决我们总是学完东西不久后就会忘记这个问题。随着时间的推移，记忆和练习的动力会减弱，也会有更多的事情分散你的注意力。这时，你就会发现由于缺乏学以致用的机会，所学到的很多有趣有用的知识被遗忘了。

通过给学到的东西找到一个合适的运用机会，你能确保知识不那么快被遗忘。通过恰当的方式学以致用也会促使你形成积极的学习迁移，经过一段时间的积累，你的学习迁移能力会大幅提升。

5. 注重近迁移而非远迁移，尤其是初始阶段

远迁移对于学习者的能力要求很高，一旦操作不当很容易产生负面作用。相比之下，近迁移则更加容易被学习者掌握。这是因为通常情况下我们更擅长于把习得的知识迁移到自己所经历过的熟悉情境当中。如果你学习了数学，你可以将数学知识运用于饭店小费或投资回报的计算这类情境里。

但如果你坚持要用学到的数学知识去推翻被公认的物理学原理，那无异于自找麻烦。

我们之前讲到过，远迁移并不是高不可及，它也是博学之人的必备能力。当你的近迁移能力非常强时，你尝试运用远迁移也是无妨的。如果你成功了，你一定会取得突破性的成绩。

6. 自我效能假说

自我效能假说指出如果你认为自己在学以致用方面可以做得很好，那你在实际中就真的可以做到很好。它是一种自我实现式期待。但它也存在一个疑问：一个人如何才能坚信自己可以成功？

要回答这个疑问，答案是双重的：一个是基于自身能力的自信与乐观，另一个是自己确实做到了学以致用。提及相信个人能力时总是需要谨慎一些的，因为有些时候盲目的自信只会产生坏结果。过度自信是有害的，但谨慎的乐观对自我期待具有促进作用。

7. 学习者认知的作用

尽管我们已经谈到了与学习者认知有关的一些要素，例如：在有效的知识迁移过程中自我效能和热情的作用，但我们还需要了解其他一些重要的学习者的自我认知。这包括一个人对于学以致用过程中得到的支持、积极反馈和结果的认知；认为他们的话题具有普遍相关性，并且认为自己应当做好充分准备的认知，以及对于自己工作发展和更好表现充满期待。

正如以上各条所示，其中大多数都与他人对你学以致用能力的看法相关。如果你认为你学以致用能力很差，不被人认可或者你觉得学以致用对你的人生没有任何有意义的影响，那么你将很难在学习迁移能力方面有所提升。相反，如果你很乐观，你对以上问题的认知都很积极，那么你成功的概率则会大幅提升。

三、有效学习迁移指南

在这一小节，我们将把这一章学到的所有东西结合起来形成一套明确的行动指南。让它辅助你在成为博学之人的奋进之路上掌握更多的学习迁移技能。无论你处于学习和运用的哪个阶段，这个指南都将更深刻地提升你的效率，使你掌握更多、减少遗忘并将知识应用最大化。

1. 元认知与学习迁移

这是整个指南中最重要的一条。在提高学习迁移能力方面，它将比任何你所接触过的方法和建议都更有效。

元认知就是想你所想的过程，它是通过一种更深层次的思考来对你的认知和行为进行调节，从而更容易地实现目标。元认知能力较强的人能够更好地对自己的思维方式进行评估和调节，这种评估与调节主要来自一个人的自我心理暗示。

如果你感到自己总是因为心理暗示而陷入一种负面思维无法自拔，这表明你已经意识到了负面心理暗示的问题。例如，你想学习一门有难度的学科知识，但你的内心马上出现一个声音，质疑你的能力，让你感到恐惧。

这时，元认知就可以发挥作用了，它会引导你面对问题理性思考，从而改变这种消极状态。这样一来，你会发现在没有真正学习这样一门困难的学科之前，你完全没必要为之担忧。另外，你并不差，你会像许多人一样获得成功。以下方法可以帮助你提升元认知能力，可参照学习：

"我所要学习的学科跟另一个领域的知识是否关联紧密？"如果你正在研究伦理学，它对你当下做的事情能起到怎样的作用呢？

"我在其他什么地方也遇到过相同的说法？"如果你在研究经济学并且发现其大多数理论体系认为人类是理性的、效用最大化的实体，这时你可能会意识到你在启蒙运动时期的历史中也看到过类似的说法。

"我要掌握这些知识的难度有多大?"假设你要付出很多精力才能弄明白选举在民主政体中发挥的作用,那么同样,你要将此处所学迁移到其他领域也会遇到很大困难。因此,时刻记得问自己这个问题。如果答案是很有难度的,那不妨多花点时间在概念理解上。

"我能将知识化整为零吗?"假设一个人想学习平面设计,更好的办法是将要学习的内容分层分量,逐级递进地学习,而不是不分难易地一把抓。

"我能给一个孩子解释清楚这一切吗?"这是判断你是否真正掌握所学知识的最佳办法。设想你要给一个五岁孩子解释你学到的东西,如果你能够让这个孩子听明白,那说明你真正理解了自己所学到的东西。

"为什么掌握这个知识很重要?"这个问题有助于你将自己所学的东西与一些相关领域建立联系。学习法律就能更好地理解社会运转下的标准与规则;学习生物则可以更了解人体的各项功能。用这样的方式把自己学到的东西与其他领域建立联系。

"学习这个知识会进一步引发我哪些思考?"如果你形成了习惯,总是问自己学到了什么,这也会有助于将知识与其他事物建立联系。例如：在学习了弗洛伊德的心理学之后就会产生一些疑问，诸如："为什么他很少从女性的角度去讨论问题？"或者"他的理论确立依据是什么？"

"学习这个知识会有什么惊喜发现吗？"这个问题对于你不断产生学习的好奇心很有帮助。例如：如果你在研究神学，你会对所读过的宗教教义中的某说法感到好奇，接下来，你就会去进一步研究来解答这些疑惑，并努力将自己的答案和其他各种解释联系比较。

2. 把自己融入相似情境

这一条是为了让你能够更加熟练地形成近迁移，把你所学到的东西用尽可能多的方式应用于实际当中。例如：如果你研究了伦理学，你可以用学到的知识帮你确定自己是否应该给碰到的乞丐布施。

同样，如果你学习的是电子制表，这很有可能是你在工作中随时用到的东西。你可以运用电子表格来储存海量数据、计算复杂的数学方程式、制作数据图表，等等。明确电子表格中的哪些功能对你的学习或工作有帮助，就尽量多运用，把它们掌握扎实。

3. 坚持关注事物间的关联

学习新东西的时候，你要反复问自己，自己所学的东西是否跟了解的其他东西之间有某些联系。例如：学习生物有助于你保持健康吗？学习化学可以提升你的烹饪技巧吗？你的数学知识可否影响你的音乐创作？

如果你能够越轻松地找到它们之间的关联，你的学习迁移能力就会更强。在不断学习的过程中，你的能力也会不断加强。这一点将会帮助你向成为博学之人迈出重要的一步。

4. 勤加练习

当你想获得某项技能时，勤加练习是非常实用的好办法。尽可能创造条件运用所学，久而久之，便会习惯成自然，成为你手到擒来的能力。技能的熟练是促进近迁移的必要条件，并会对创新迁移的习得产生积极影响。

如果你所学的知识具有很强的学术性，勤加练习的最好方式是通过笔记、闪卡或总结之类的方法来重复记忆。同理，如果你想学弹吉他，反复练习和弦与弹奏，直到成为一种肌肉记忆，可以自然表演。反复练习能够让你的演奏技巧精益求精，同时在乐理知识和演奏技巧方面也更加熟悉。

5. 在多种情境下勤加练习

想要熟悉掌握远迁移能力，仅仅在相同情境中练习是不够的。你需要不断提升自己的训练难度，判断你所学的知识可以与哪些不相关的领域建立联系。

这里，我们以学习画画为例。要尽量多接触各种艺术形式，而不能只停留在自己熟悉的形式中。你可以尝试素描、涂鸦、卡通、建筑绘画或其他形式的绘画练习，这样会帮助你拓宽自己知识的应用范围，反过来，更宽的应用范围又会帮助你获得更多的知识。

6. 专注于最根本的原则

为了成功地将所学知识运用于生活的各个领域，你需要了解事情背后的各种潜在原则。学术领域通常被认为脱离现实而存在，但它们又总是和我们的日常生活有着千丝万缕的联系。技能领域也同样被这样认为。通常来说，我们学习某些技能是为了某些特定目的，但如果我们问自己通过这些技能我们到底做了些什么时，我们会发现这些技能更多都是用于了同样的活动。

假设你在正式运动之前做了一系列热身运动，后来你发现这个热身运动也可以在晨起散步之后用来放松，这是因为做运动的本质就是让身体各个部位变得柔韧。最根本的原则可以从我们所学到的东西当中总结出来。经常性地进行总结有利于学习迁移能力的习得。

7. 丰富你的学习媒介

如果你主要依靠阅读书本进行学习，你可能会想辅之以音频资料。或者如果你更偏爱用音频学习资料，你也会想搭配一些视频学习资料。根据多感官学习理论，调动多种感官，例如视觉和语言表达来学习，更有利于减轻学习过程中各感官的认知负担。

这个方法可以提升你的学习效率。假如你要学习烹饪，不要只是阅读做法步骤，也可以通过观看视频来学习。还有，学习弹奏乐器的时候，不要只是观看老师的示范，也需要亲自阅读一些理论指导。总而言之，由于信息呈现方式不同，利用书本、视频、音频和课程学习等不同方式被认为是一种科学的方法，因为这样可以使你获取信息的方式变得多样化。

8. 安排随机练习

假设你在一项工作训练中用很短的时间学习了大量的技能。通常情况下，我们的本能会引导我们按照技能习得的顺序进行各项练习，从一个任务到另一个，再到第三个任务。然而，研究表明如果你能够进行随机训练，效果会更好。尽管按照顺序进行练习是有效的，但是顺序训练结束之后你就应该考虑采用更加灵活的训练安排来保证最佳效果了。

例如：你在一项与自己工作相关的培训中学到了很多本领，诸如具有一定顺序性的工作方法，按规定完成一系列任务，等等。较之于顺序练习，随机练习的方式更有助于你学会、记住和灵活运用所学到的东西。

四、问题导向学习法

这里有一个关于金属工学徒的传说。这些学徒的师父让他们用一块坚硬的金属雕刻出一个复杂的雕像，但只能用他们手头上的手工工具。完成了这项乏味的且看似不可能的任务之后，你估计这些学徒们收获了什么？他们都成了手工工具的行家。

还记得电影《功夫梦》里著名的宫城先生吗？他严格地训练他的学生丹尼尔，让他辛苦练习。终于，师父的目标实现，丹尼尔学会了空手道的基本功。

解决问题或是实现目标的过程中，学习是必不可少的。

问题导向学习法是指以一个需要解决的问题为引领，学习过程都要围绕这个问题来进行。当你试图完成一个需要学习的目标 X 时，你不是直接去学习目标 X，而是解决问题 Y，在解决问题 Y 的过程中学会目标 X。当然，这就是纯粹的学习迁移。

通常，我们是按照线性方式来学习知识和技能的。学校经常使用的是传统的教学方式：一套固定的教材、需要记忆的知识点和老师展示解决问题的方法。这甚至也是你自学时知识构建的方式——因为这是你知道的唯一的学习方式。

问题导向学习法要求你确定自己知道了哪些内容，还需了解什么知识和资源，以及清楚如何获取这些资源，最终把整个过程中习得的知识技能整合成为一个完整的问题解决方案。这与我们大部分学校常规的线性教学法不同。下面以我青少年时期失败的浪漫恶作剧为例解释一下问题导向学习法。

我曾想给一起上西班牙语课的女孩儿杰西卡留下一个好印象，这对一个无论是年轻还是年长的男性而言，都应该是让生活发生许多变化的高贵且强大的动力吧。西班牙语课上，我们在同一个教室。多么幸运我能够坐在她的正后方，她的西班牙语也并不很好，因此她总是回过头来向我求助。

一开始，我总是会跟她四目相视。但不一会儿，我就没了信心，因为我答不上她的问题。如果她去问班上别的男生该怎么办？我可不想那样！

抱着这样的念头，我开始努力学习西班牙语，这样她就会一直转过头来问我问题了。当你有了一个足够强大的动机时，你会为自己取得的成绩感到吃惊。那一年，我成了班上西班牙语讲得最流利的人。此外，我还会查阅很多较为生僻或复杂的俚语，只是为了有机会给她留下一个好印象。

我写了很多闪卡。一开始，每张卡片的背面只有一个单词，然而那一学年结束时，我的每张闪卡背后都有三到四个句子，全都是西班牙语，我的这门课也因此得到了 A+，这在我的高中学业中是很罕见的成绩。但是我跟杰西卡却没有什么进展。

这就是一个问题导向学习法的典型例子——我想解决问题 X（杰西卡），但我在这个过程中学会了问题 Y（西班牙语）。

当然，对我们而言，关键是要专注于我们花费了时间和精力解决的那些问题，这样你学的东西才能有助于你获得想要的东西。很简单，就像你想在吉他上弹出一个新的和弦，并弹奏一首包含这个和弦的有难度的曲子一样，你会发现专注于一个问题并以此为导向去学习知识要比仅仅读教材或听讲座有意义得多。这一点与第一手经验有很大关系。

自从 1916 年约翰·杜威的著作《民主与教育：教育哲学导论》出版之后，问题导向学习法出现了形式上的转变。杜威这一著作中的理论前提之一就是：做中学。让我们快进到二十世纪六十年代，当时，问题导向学习法开始了现代化发展。医学院开始使用真实病例训练学生。事实上，直到现在，这也是许多医学院学生学习诊断和治疗的方法。他们不再去记忆冗长的医学病例和数据，而是通过真实的医疗过程来习得知识。比起读写，这个办法更具有实操性。

他们应该向病人询问哪些问题？他们需要病人的哪些信息？应该给病人做哪些检测？这些检测结果说明了什么问题？检测结果又会怎样影响治疗过程？通过问题导向学习法，医科学生们不断产生问题再解决问题，最终学会了如何为病人医治。

设想一个医科学生面对下面的病例：一名 66 岁的男性病人走进医生办公室，抱怨最近总是呼吸急促。面对这样的病人，接下来该怎么办？

除了病人的治疗史、家庭状况和社会交往历史，这个学生还想知道病人的症状持续了多久、每天发病时间、发病诱因和什么状况下感觉会好一些或坏一些。接下来，主要是身体检查：血压、心肺、腿部水肿，等等。然后，这个学生将决定是否需要进行任何实验室检测或 X 光检测。最后，根据这些检查结果，该学生将提出一个治疗方案。这仅仅是一个开始。

如果老师还想让学生学习如何处理潜在的心脏问题，他们也能做到。对医科学生而言，通过将其检查技能应用到真实病例当中，他们的学习会更真实、更难忘和更具吸引力。研究表明，医科学生的学习若是以问题为导向，临床解答和解决问题的能力会得到提高，学习更有深度，对于理论的整体融合理解也更好。

问题导向学习法会迫使学生掌握解决方案，他们以完全不同的方式习得知识和信息。他们不是简单地解决问题 X，还必须想出导致问题 X 产生的所有因素。这就要求学习者能够深入探索与分析，相较于简单的表面了解，深入探索和分析会促使学习者有更深层次的认知。

问题导向学习法也会激发学习者更大的自我动机。因为这种学习的特点是在真实情境中解决真实的问题，产出真实的结果，并非为学而学。

生活在"真实的世界"，我们却没有被给予真实场景或团队项目（至少在小学阶段是这样的）来帮助我们实现学习目标。无论我们知道与否，实则我们都可以通过将自己置于面对特定目标的情形下来提升学习效果，接下来的几个例子会告诉你如何找到需要进一步学习的问题：

膳食计划。以想解决吃饭延迟和仓促的问题为例，你之所以选择这个问题，是因为除了能让你解决掉不必要的压力与焦虑外，同时你还能够成为一个大厨。你想解决问题 X

（三餐压力），但在这个过程中，你也实现了目标 Y（学会如何烹饪）。

那么，为了成为烹饪达人，你会采取哪些方法呢？方法之一就是制订膳食计划，练习烹饪方法和技巧。首先，明确你对于烹饪了解哪些。解决家人吃饭问题，饮食要合理。从易到难，循序渐进。此外，还需要食材，食谱以及能够提高烹饪技能的策略。

你还需要做些什么呢？需要准备切实可行的菜谱和食材清单，需要制订一个何时准备晚餐的条理规划，也可能是个膳食日历，你还可以确认一下自己准备学会哪些具体的烹饪方法。

从哪里找到烹饪方法呢？你可以先从家人开始，问他们最喜欢吃的三道菜，然后到 Pinterest（缤趣）网站上找到相应的菜谱。接下来，列出购物清单，记在便条本、电脑 word 文档或者购物 App 中。然后，把要做的菜也写在日历上，记在电脑里或者相关 App 里。你可能还想通过网购节约购物时间（这大概会存在冲动消费）。此外，还需要有学习烹饪的途径：看烹饪书、看 YouTube 视频或者通过烹饪辅导班学习。

通过制订行之有效的计划，你精进了厨艺，也解决了吃饭不规律的问题。这就是问题导向学习法的魅力！确定已知的事项（想学习的新技能、饮食想法、菜谱、购物清单），确定需要得到的信息（烹饪方法、具体菜谱、食材清单、膳食日历），以及获得这些信息的途径（家人、Pinterest 网站、App、烹饪书籍、网络、电脑等。）

这个过程中，你不仅为全家人做了未来的膳食计划，而且你还设计出了一种提升烹饪技能的策略，可以逐周逐月地持续推进。通过这个膳食计划，你节约了时间和金钱，还能看到吃饭问题给家人带来的麻烦越来越少，家人也越来越喜欢你做的饭了。这简直就是一举两得的好事。

坏掉的烤面包机。我们再来分析一个更加复杂的问题。你原来每天都用烤面包机做早餐，但现在它似乎坏掉了。几年前你就想着学些电子知识，并且学以致用。你想解决问题 X（坏掉的烤面包机），但在这个过程中你达成了目标 Y（掌握基本的电子技术）。在这个可能会让人气馁的事情当中，问题导向学习法会发挥什么作用呢？

首先，确定你已知的内容：烤面包机坏了，你考虑用自己一双巧手维修它。你对电路不甚了解，但你很喜欢这台烤面包机，这个型号已经停产了。

接着，为了解决问题你需要了解些什么呢？首先，你需要确定烤面包机不工作的具体原因，学一些自己现有能力范围之外的与机械故障相关的知识，再找一个修理它的方法。

收集信息时，你可以拆开烤面包机找到故障原因，也可以上网或者到图书馆找到小家电维修手册，你甚至可以通过YouTube 视频搜索教程。确定问题后，开始学习如何修理并着手维修。接着，你就可以重新启用这台面包机了。

问题导向学习法提供了一个条理缜密的思维框架，帮助你在学习新技能的过程中解决问题、克服困难进而走出困境。在上述例子当中，问题导向学习法是以下面这一系列的步骤来呈现的：

1. 确定问题；

2. 明确已知；

3. 找出可行性策略并选定最优方法；

4. 按计划付诸行动（推荐使用时间安排表）；

5. 明确还需了解的东西并找寻获取信息的渠道。

问题导向学习法有很多明显的优点。你不仅能够对学到的东西记忆更加深刻，还能加深理解学习过程中遇到的问题和解决办法。问题导向学习法表面上看起来可能因为要完成各个步骤而花费较长时间，但从整体而言它反而会更省时，因为你不需要漫无目的地尝试一个又一个并不太好的办法。

制订有条理的计划既省时又省钱，这就是直接解决问题的好处——直击要害。

问题导向学习法可以运用于生活的方方面面。围绕你想学的东西设计问题或制定目标，你会变得更富有创造力。也正是如此，你才会有突飞猛进地提高。毕竟，只有通过学习迁移，将所知应用于真实生活，你才能够获得更多的东西。

 本章要点：

- 要成为一个博学之人，最大的困难可能是将掌握的不同领域的知识融会贯通。而学习迁移将能够让这个过程变得容易很多。

- 你将一个领域的知识或技能运用于另一个不同的领域，这时就发生了学习迁移。学习迁移有多种类型，其中包括：正迁移和负迁移。前者是一种成功的学习迁移；而后者是指一个领域的知识阻碍了另一个领域知识的习得。接下来是同化性迁移和重组性迁移。两种相似情境中的学习迁移就是同化性迁移；而重组性迁移则指的是完全不相关情境中的迁移。最后，还有特殊迁移和非特殊迁移。特殊迁移是指学习者能够清楚地辨别出已学知识和新习得的内容之间的共同点，并直接运用到新学习之中；而非特殊迁移则发生在目前所学和以往已有知识之间没有明显相似的情况之下。

- 有几个可靠的方法能够帮助你形成正迁移。总体来说，对学习保持很高热情或者能够经常将知识运用于不同情境的人更擅长于学习迁移。另外，也有研究表明那些对自己学习迁移能力持乐观自信态度的人更可能进行学习迁移。

- 除了以上方法，你还可以通过以下几条准则来极大提升你的学习迁移能力。最基础的一条就是元认知策略，它是指能够思考分析你的思维过程，并通过反思来调节自己的思维和学习过程。除此之外，还有不同情境下的迁移练习：远迁移和近迁移、学习媒介多样化以及寻找所学和其他不相关情境的关联等。

- 问题导向学习法是指主动确定一个待解决的问题或者制定一个待达成的目标，在解决问题和达到目标的过程中，你必然要掌握某些技能。其本质是：通过解决问题 Y 的过程中来实现目标 X。这将使你充满动力，积极投入其中。同时，由于你在整个过程中处于主导地位，主动整合信息，例如：你需要明确自己已经知道什么，还不知道什么，找到对策并付诸行动，所以你的学习会更加有深度。

第三章

解 构 知 识

设想这样一个场景：你是一个学者，正在一场会议上为与会者作关于德国唯心主义思想的主题演讲。而这些与会者对哲学只是一知半解，就更不要提唯心主义了。德国的唯心主义者是在众多思想流派中最为固执和难以沟通的一个群体，你如何将自己的想法传递给你的观众呢？

这一章将教你如何将复杂的知识进行结构解析，以便于更多人可以理解接受。我们将主要运用类比推理思维。在学习中有效运用类比法将有助于你更好地理解各种概念，并将不同领域知识迁移中的障碍降到最小，由此，它也将成为你实现博学的关键。

类比法就是将两个看似不相关的概念进行比较。我们的日常对话中，类比法就经常被用到，甚至很多情形下都是不经意在使用。比如一些评论：某人像长颈鹿一样高，像手套一样合适，这样的比喻或者一般地表达某个东西特别像另外一个东西，这些都是类比法的例子。

一、学术性类比

以上的例子都是一些非正式的生活化的类比，这里也有更为学术性的能够教给我们很多概念的类比。把自己所学应用于另一情境当中，学术性类比就在此过程中产生。学术性类比做得好，说明你对自己所应掌握的知识理解透彻，这就是类比法被广泛运用于学生的测试与成绩评估之中的原因。

以下是一个在学习中运用学术性类比的例子：假设你想运用类比法来描述普通法律在整个宪法体系中的作用。学术性类比基本模式为四项模式：A、B、C 和 D，它们通过以下模式排列：＿＿＿（A）：＿＿＿（B）：：＿＿＿（C）：＿＿＿（D）（海克，2020）。

分别将"普通法律"和"宪法"填入 A 和 B 中。现在，你需要在 C 中填写一个与"普通法律"扮演相同角色的词，在 D 中填写一个 C 的上一级别词汇。普通法律是宪法的主要构成部分，因此我们需要寻找一对包含与被包含关系的词语。例如，代码与应用程序。这样，我们就构成了一个四项模式结构——普通法律：宪法∷代码：应用程序。

　　不确定自己的类比是否准确也是很自然的事情。设法将类比做到准确也能优化你对概念原本的理解。设法证明自己的类比是有效的：普通法律之于宪法等同于代码之于应用程序吗？

　　答案是肯定的。宪法由诸多普通法律构成，而应用程序也依赖于代码才能体现它的整体设计、特点、运行速度等等。如果没有普通法律或者代码，宪法和应用程序就是无源之水、无本之木。

　　我们再来看另外一个例子：这次我们用类比法分析鱼和河流的关系。鱼在河里游，所以我们寻找一个相似的组合。例如：动物在陆地上走，鸟儿在天空中飞。它们构成了四项模式结构——鱼：河流∷动物：陆地。这样的类比方式看起来是有些枯燥，但当你进一步挖掘，你就会体会到其中的乐趣了。另外，你也一定会注意到它带给你的学习上的价值。

　　以上我们所讨论的例子都是学术性类比。事实上，共有11种不同的类比类型，根据需类比的两个事物之间的关系，每一类比类型都可以应用于不同情境之中。合理运用每一类比，都可以提升你的创新性思维。

1. 同义类比

为自己所学的东西找到一个同义词。例如：你研究的是义务伦理学，那么，在不借助专业术语的情况下，你该如何告诉大家你学的是什么呢？方法如下：我们在 A 和 B 空填上"新手"和"初学者"作为类比对象，"义务伦理学"填到 C 空中，其同义词"规则"填到 D 空中。新手：初学者：：义务伦理学：规则。

2. 反义类比

这个方法和上一方法截然相反。你需要为自己所学的东西找到一个反义词。同样进行类比，这次使用"新手"和"大师"，给"自由"作反义类比，应该是什么呢？是"奴役"，因此就有了四项模式结构——新手：大师：：自由：奴役。

3. 部分/整体类比

该类比类型可以用上面"普通法律"和"应用程序"的例子为例。这一类比可以使你将所学的东西置于一个更大的语意背景中。例如：第一组类比对象为："星星"和"星系"。如果你在研究化学方面的原子理论，那么你就可以在"原子"和"分子"或者"分子"和其他事物，创造一个与"星星"和"星系"相似的类比四项模式结构——星星：星系：：原子：分子。

4. 因果类比

运用这一类型的类比时，要时刻谨记，不要把因果倒置。尤其是当你在研究社会科学时，因果关系很容易被摆错位置。使用因果类比有助于你正确理解前后因果关系。

例如：机动车的增加导致了马车的减少。假设你在研究民族主义理论，这一概念起源于法国大革命。但是，民族主义是法国大革命爆发的原因吗？抑或是法国大革命的爆发导致了民族主义的兴起？依据你的观点来构建类比并证明其合理性，其四项模式结构——①机动车：马车：：法国大革命：民族主义，或者②机动车：马车：：民族主义：法国大革命。这两种不同的模式背后的原因和答案能够帮助你理解民族主义与法国大革命因果之间的关联。

5. 事物/功能类比

当你想要了解你所研究的东西的实际功能时，这个类比就会发挥作用了。或者你想要知道某件事情在某个情境中发挥了什么作用，也可使用该类比法。例如：耳机的功能是用来听音乐。设想一下要研究马丁·路德·金的人生，他在历史中发挥了提倡民权的作用。因此产生四项模式结构——耳机：音乐：：马丁：民权。

6. 事物/特征类比

该类比类型是这 11 种类比类型中最简单的一种，但它也是检测你对某一事物理解程度最有效的类比类型。有效使用该类比的具体表现是把你所研究的事物的特征尽可能多地罗列出来。

例如：棉花是柔软的。假设你研究原子理论，原子的特点之一就是它们很微小。它们的四项模式结构——棉花：柔软∷原子：微小。此外，原子的特点还包括：它是构成物质的基本组成部分；它可以与其他原子构成链式结构。

7. 事物/情境类比

这一类比类型与部分/整体类比的相似性在于它们两者都是在某一特定框架情境中产生的。例如：当我们提及电视、电话之类的电子设备时总会谈到科技这一话题。同理，当我们提及政客和政策时总会谈及选举这个话题。因此就会产生四项结构模式——电子设备：科技∷政客：选举。

8. 种属类比

种属类比在你进行远迁移时会起到积极作用，这是因为你所研究的某一事物是归属于某一情境中的一个类型，而对于另一情境下的另一事物而言也具有同样性质。例如：苹果手机是智能手机的一种。同样，道义论也是伦理学中的一个分支。它们构成了四项结构模式——苹果手机：智能手机：：道义论：伦理学。

9. 类目/子类目类比

这一类比与前一类比是同类型的，同样的例子就可说明：苹果手机是智能手机的一个分类，道义论是伦理学的一个分支。

10. 事实/观点类比

该类比对社会科学而言也是非常有效的类比方法。你经常会遇到一些事实杂糅观点的资料。要能够将二者区分开是需要方法的。例如：你听别人说："太热了。"这就是一个因人而异的观点。但如果某人说外面气温是33℃，这就是有客观依据的事实了。

同样，如果某人说一个人很高，你是否认可这一说法要取决于诸多因素。但如果某人说这个人身高1.9m，你就能够从客观角度来评判这个人是否属于高个子了。这样，我们会得出一个四项结构模式——天气热：33℃：：长得高：1.9m。

11. 问题/办法类比

这一类型的类比能够帮助你比较分析不同问题的解决办法。就好比歧视可以被热情和相互尊重化解，疾病可以被药物治愈。问题/办法类比法是这里所列办法中最要求信息细节的一个。如同事物/特征类比法一样，你可以针对一个问题提出多个解决方法。

运用这些类比法可以帮助你更持久地记忆学习材料，不过你还可以通过一些科学的办法来增强你对这些类比法的运用能力，进而促进你的学习。

二、充分利用类比的技巧

1. 同一主题使用多个类比

这一点不言而喻，将多种类比方式运用于学习能够确保你对知识的理解不只停留于表面。因为类比在强迫你进行思维转换，根据你使用的类比的方式不同，它们将从多方面挑战你对关键概念的理解。总的来说，尽可能多地使用与所学内容相关的类比是一个非常好的办法。

例如：你想了解什么是利己主义，首先，可以使用反义类比。冷和热是一对反义词，那么利己主义的反义词是什么呢？可能是利他主义。

其次，我们可以通过种属类比法。利己主义是一种人生态度，就好比苹果手机是一种智能手机一样。

第三种是事物/特征类比法。利己主义的特征是什么？

它的特征是自私，这类似于讲话音量之于讲话者。同样，对于自己要学习的主题或概念，可使用多种类比。

2. 使用例子来帮助你学习

这一观点源于丹尼尔·施瓦茨和约翰·布兰斯福德。这种方法中例子的使用非常重要，因为初学者可以通过这些例子来学习新知。专家们可以不借鉴例子，他们已经对相关主题非常熟悉了。但是，大多数情况下，例子有助于你理解复杂概念，让你形成更加生动形象的记忆。

假设你在研究伦理学，你要记录它适用的不同情境。当你不想和你的朋友聊天时，你会谎称你很忙吗？应不应该这样呢？如果你必须把一个馅饼分给三个人，你会怎样切来保证公平呢？这样的例子会让你的学习变得生动，因为它们使枯燥的知识变得更加真实，贴近生活。

如果可以的话，尽可能让你的例子具体且与个人相关。一些抽象概念跟现实生活联系得越紧密，你的学生（或者你）就能越快地掌握并运用它们。把举例和比喻融入日常交流当中。以上的例子中，通过提问的方式进行类比，会让人印象更加深刻。通过提问的方式，你可以引领学生从已知得出未知——你为你们双方同时找到了前进的道路。

3. 牢记类比的目的

很多时候，我们使用类比只是机械地理解了某些概念，却根本不知道使用这样类比的理由。例如：如果一个学生被问到什么是线粒体，他回答："它是细胞的'发电站'。"这是教材中使用的标准类比。然而，许多人只记住了这个类比，却不明白线粒体对于细胞而言为什么是发电站。

为了避免这个问题，方法之一就是构建能够清晰体现比较者角色或目的的类比。在线粒体这个例子当中，思考一下它必须具备什么功能才能被称之为细胞的"发电站"。它必须给细胞提供能量。这样一来，类比中用能量一词就更加准确了。

另外，你还可以列出类比的几个缺点。"发电站"只能表明线粒体在储存能量，但事实上，线粒体还负责为细胞提取、处理和释放能量。因此，仅仅记住类比是不够的，你必须知道为什么要使用这个类比，这也是学习的过程。请记住，任何你使用的类比只有当它能够真正阐明事物特征时才是好的类比——如果它不能发挥这样的作用，请完全忘掉它！

4. 在难度大的概念上运用类比

尽管使用类比非常有利于学习，但我们建议将类比方法更多地运用于更有难度的知识学习中。学生们在实际学习当中发现在一些较为容易的信息和概念中运用类比，反而会产生混淆。

当遇到一些比较容易理解的知识点时，不需要将其拆解记忆，否则，你很容易陷入一种生搬硬套某个类比的混乱之中。面对更加复杂的知识时，可以从多个角度寻找适当的类比来便于记忆。

将你所使用过的类比列出，找出其中存在的问题，并尽可能做记号进行标注。根据多媒介学习理论，同时使用符号和文字线索是提高记忆和理解的有效方法。在类比公式的左边使用恰当的对比，这会使你的类比对象之间的关系更加清晰明了，而不需要太多的重复阅读。

三、类比思维

让我们深入研究一种特定类型的类比思维。

你该如何向一个对某一领域完全陌生的人解释这个领域里新事物呢？比如介绍某一领域的优步，而不是该领域中的其他什么方面。

当我们想理解某个概念时，总是会不自觉地使用类比法。这一方式可以立刻为我们提供一个易于理解的语境，因为我们的思维首先是专注于一个概念，然后逐渐对其进行区分，直至理解。

当然，通过类比在新知识之间建立联系也是扩大知识面的很好的办法。尽管我们有天然使用类比的倾向，但它作为人类一个重要的认知方式还是被低估被忽视了。相比之下，一些神经科学家，如印第安纳大学教授达格拉斯·霍夫施塔特，他断言类比思维是所有人类思想的基础。

他的依据是类比能使我们理解事物时把其分为不同类别，类别让我们区分不同的信息和概念。我们有能力区分相似度——类比的一种形式，从而用不同的方式将事物分类。

从我们如何区分动物就能够很容易地看出这一点。对于常人而言，猫和狗看起来十分相似。它们都有皮毛、四条腿和一条尾巴，但它们在脸部、饮食、行为和进化痕迹方面的区别让我们能将它们区分开来。它们之间有相似之处，但它们更接近于自己的同类。这也是我们将它们划分为两个不同类型的原因。但这一切也意味着我们不会用狗来描述猫或者用猫来描述狗。

一些更复杂、更高阶的人类认知是通过类比形成的。以更加抽象的哺乳动物这一概念为例。这个概念将猫和狗划分为同一范畴，同时该范畴内还有鸭嘴兽、海豚和负鼠等动物。没有人会认为海豚和家猫有任何相似之处，但科学却明确了这一点。分泌乳汁、有毛发或皮毛、体温恒定都是哺乳动物的划分标准。如果某一动物具备以上特点，它就可以被归为哺乳动物。

把这些共同的标准归纳在一起，我们就形成了对哺乳动物这一高阶概念的认知。这可以让我们分辨出哪些动物符合要求。我们归纳的哺乳动物的这些标准让我们明白海豚和鸭嘴兽是有相同之处的。

随着年龄的增长以及对生活和文化的深入接触，我们的认知以及用于描述世界的类比都在不断发生变化。不论我们学了什么，都会经过大脑的筛选，形成类比，通过类比区分客观事物和主观看法，以此对世界进行分类，进而理解世界。当我们学习新东西时，我们有意识地对它们进行区分并形成类比，这样可以加快我们整合新学知识的过程。

我们已经讨论了类比对整体认知的作用和重要性，那么我们该如何将其更有效地应用于自学和理解新知呢？正如我们之前提到过的，类比提供了一个易于理解的语境——一种你正准备获取的信息的心理模型，接下来你可以慢慢区分其细节并充实其内容。

例如，我们之前提到，新企业通常被称为"优步 X"。

优步是一家共享汽车公司，它的主要业务是由私家车主提供交通运输服务。因此，任何关于"优步X"的描述指的都是由私家车主提供的货物或人的交通运输服务。现在，我们形成了一个心理模型——一个关于涉及什么内容、目的是什么以及有何功能的好想法。

接着，最重要的一点出现了——你怎样区分这个"优步X"和优步公司？是什么独特的因素让它能够独立于优步存在？这个因素和你对这个新企业的看法，完全取决于你的类比。当你接触到一个新信息并且有意识地为其创造一个类比时，你就做到了以下两点：首先找到一个自己非常熟悉、能够将其与新信息进行比较进而找出二者之间异同的相似类比物；其次对两个类比物之间的特征非常了解，并能够找出它们的差异。到这个时候，深刻的综合理解就产生了。

例如，如果你想创建一个关于学习一部新法律立法步骤的类比，该如何做呢？请遵照以上两个步骤。首先，你要找到一个现存的、自己熟悉并能让你想到立法步骤的信息，在你的脑海中搜寻相似的东西。这种对主次因素的分析对你的学习也是很有帮助的。

接下来，思考它们之间有何差异呢？这时，依据你的深刻理解，你能够清楚地区分两个概念之间的不同。找出一些细节，弄清楚两个概念之间看起来有些相似但实际上又完全不同的信息。把这些信息对于新立法意味着什么记录下来。

这不仅仅是对比两个不同概念的思维练习——这是新旧信息之间的碰撞，在碰撞中产生深层次的理解和记忆。

四、借鉴实例

解构知识的另一个必要技能是借助具体的事例理解抽象的概念，这是行之有效的办法。因为这些概念通常比较抽象，让人难以理解。人类的大脑更适合记忆自身看到和听到的具体的事物，而不是那些脑海中抽象的理论。找到一些能够解释抽象概念的具体事例是把抽象概念具体化，以促进记忆的最好办法。

举例说明：假设你在研究供求关系，你的课本或讲义里也会有相关的实例，但是为何不在现实生活里找一个例子呢？旅游旺季想要预订一个酒店，就是一个很好的实例。酒店价格飙升，你付钱的时候很心疼，这是旅游旺季酒店供不应求的缘故，这个因素造成了酒店价格的升高。因为市场规律如此，供求关系决定价格高低。

要在现实生活中找到与学过的东西相对应的例子，并不是总能找到合适的事例。这种情况下，你可以假设一个例子。事例需要实际行动，而学习中最有意思的事情就是只有实际践行的才能发现自己的问题。

就像学习踢足球或开车，这都需要自己去揣摩实践。任何纸上的理论都不能代替实际操作。一个具体的例子往往最能够帮助我们理解要学的东西。先将知识外化于行，最终内化于心。

与类比相似，建立在形象生动的实例基础之上的理解是深刻的。把知识与实例建立关联的过程是一个发现自己知识漏洞的过程，在这一过程中，你能将所学知识重新梳理一遍。

假设你对万有引力定律不甚明白，你可以设想这样的情况：如果一个人分别从二楼、三楼或四楼降落到地面，会需要多长时间？设想一下那种心惊肉跳的感受，你就明白重力加速度（9.8m/s²）的意义了。万有引力定律总是用苹果掉在艾萨克·牛顿头上这个例子来解释物体总是落到地面的原因。

对于那些绞尽脑汁也找不到具体事例的概念，我们该怎么办？

例如："勇气"被定义为"去做别人不敢做的事情的能力"。这个定义听起来够抽象的，怎样可以更好地理解呢？

这里有一个具体的例子：一个士兵舍生奔赴战场，无畏作战，这就是"勇气"。再来一个更为贴近生活的例子：我们参加面试或者第一次约会时的焦虑，或是为了抓住一个千载难逢的机会，努力去掩饰和克服不安，这也是"勇气"。这个例子非常典型，因为它通过一个几乎与每个人都相关的实例来类比，让大家对"勇气"的概念有了清晰的认识。事例对我们来说越具体生动，就越有利于我们理解和记忆。

世上没有完美的类比，但通过实例，我们确实能够加深对事物的理解和认知。实例能够让那些抽象的概念变得真实具体，易于理解和记忆。

五、思维导图

最后，在尝试成为博学之人的道路上，你需要学习吸收大量的知识和信息，这会令你倍感压力。此时，你需要借助思维导图，它能够以简洁明了的方式，帮助你将学到的各种知识进行梳理，最终呈现出知识的本质与内在联系。

思维导图还可以为你提供学习的方向。你可以通过思维导图明确地知道掌握了哪些知识，它们有什么内在联系以及你在哪方面有所欠缺。

我们可以通过很多方式归纳知识，例如概念网图、蜘蛛网图等。但思维导图还是有其不可替代性。思维导图的结构特点决定了其有利于我们宏观把握知识点；另外，它还有利于我们直接抓住重点。

思维导图多色块的特点也能帮助你记住更多的信息。最后，当你学习到复杂的知识点时，你还可以将庞大的内容划分成多个子主题，用多个思维导图条理清晰地进行概括总结。

如何绘制思维导图

思维导图的创始人东尼·博赞给出了几条有效绘制思维导图的指导建议。你需要准备的全部物品就是几张纸和三种颜色以上的钢笔或铅笔。

步骤1：

首先把一张纸水平放置在你的面前，然后在纸的正中间位置画一个与主题相关的图形或者画一个圈并在里面写上主题。一般来说，使用符号、图形或者绘图来表示信息、加深记忆是比较好的办法。不过，文字或气泡图也是可以使用的。

步骤2：

从中心图出发，向各个不同方向延伸出较粗的分支，这个分支被称为一级分支。每个分支采用一个颜色加以区分。

然后在一级分支下继续绘制二级分支，在分支上写出或画出各分支的主题。例如：如果你在学习哲学，你的一级分支可以是哲学的各个分科领域，如伦理学、形而上学、政治哲学、认识论等。

步骤3：

继续在每一级分支中创建下一级分支，要确保它们的间隔足够大，尽量减少混乱。例如：哲学的一级分支是伦理学，你可以在伦理学的下一级分支进一步详细划分出思想流派，如功利主义和道义论。政治哲学分支可以下分出民主、寡头、贵族和暴政各分支。

步骤4：

继续绘制分支，进一步细化分支可能延伸出的内容。例如：对于功利主义，你可以简单写上"最多数人的最大幸福"，而道义论可以写上"基于规则的理论。"

你所要做的就是这些，非常简单。绘制中心图，然后不断画出每一级的分支和它们各自的分支与内容，直至画满整张纸。涉及哲学或心理学等整个学科时，制作多个思维导图可能更有帮助。工作流程是一样的，只是现在的中心图的内容变成了细分的主题而非更大的主题，例如政治哲学。这对你全面积累和整理所学知识非常有帮助。

接下来是另一个如何创建思维导图的例子。

步骤1：

假设你想绘制一幅关于美国历史的思维导图。在纸的中间位置画好气泡图，写上"美国历史"。然后从中心图延伸出至少六个一级分支。你也可以根据自己对内容详细程度的理解多画出几个一级分支，但对此处而言，六个分支就足够了。

步骤2：

在每个一级分支上写上美国历史主要年份或标志性事件。你可以从清教徒到达普利茅斯岩开始，接着写美国独立战争、内战、美国卷入世界大战、冷战，此后内容全部归于20世纪90年代后的历史。

步骤3：

像之前一样，在这些一级分支后继续延伸出下一级分支。在第一部分，你可能会想写感恩节、清教徒与美国原住民的互动，等等。接下来是一些革命大事件，如波士顿茶党以及一些与之相关事件的原因，还有民主制度的采用，等等。与此类似，接下来是与内战、世界大战和冷战相关的一些标志性事件、关键节点、事件结果和相关数据统计。

步骤4：

继续为你的观点添加更多有深度的细节，这样，日后再回看这张图时，你还能找到相当多的与此主题相关的信息。

提升思维导图绘制能力的几点建议。

最初级的思维导图只需要用一支钢笔或铅笔在一张纸上画出中心图和各级分支即可。然而，要想达到思维导图的关键目的——便于记忆，这还是远远不够的。以下几个方法可以帮助你提升思维导图的绘制能力，并最大化地帮助你掌握相关知识。

精简用词。保证各级分支上的词语描述简明扼要。

强化视觉辅助，如色彩、符号和图画等。你也可以使用不同的文字书写方式。从中心图延伸出的一级分支可以一个都用小写字母而另一个全用大写字母。

一些重点词汇加粗或加黑处理，凸显其重要性。

各级分支按照层级的降低由粗到细表示。这也是从视觉上强化你对信息分级记忆的好方法。

不要只局限于气泡图。每个分支下可以使用不同形状的图形。不同的形状可以帮助你区分不同的知识主题，提高记忆效率。

本章要点：

- 当你需要处理一些并不熟悉的新信息时，其中一些可能会很复杂，晦涩难懂，这无疑会影响你继续学习下去。不过，类比法是一个非常有效的工具，它能够帮助你化繁为简，帮助你高效学习。

- 类比法是指将两个看似毫无关联的概念进行对比寻找异同的方法。为了提升学习效率，你可以通过一些新颖的方式在已知概念和要学习的概念之间建立关联，以此促进你对新概念的理解。这个过程是知识迁移的过程，从中你会加深对知识的理解和记忆。

- 运用类比法来辅助学习，你需要了解学术性类比的相关知识。它是一个四项模式结构，左边两项是你已知事物的关联构建，以代码和应用程序为例，代码是应用程序的主要构成部分，现在，你要学习法律，你能够明白普通法律之于宪法就像代码之于应用程序，用标准的类比模式就是："代码：应用程序：：普通法律：宪法"。

- 类比法四项模式结构中的左边两项之间的关联会随着你所采用的类比类型的不同而不同。这两项间的关系可能是同义类比、反义类比、部分/整体类比，等等。在学习过程中，你需要灵活地决定类比类型的选用，并尽可能多地运用。

- 一旦你完全掌握了各种类比法的运用方法，你还可以了解一些让它们发挥最大作用的技巧。尽量在复杂概念中运用类比法，简单的概念要避免使用类比法，以防混淆。另外，还要使用大量实例将抽象概念具体化。此外，还要注意时常审视你进行类比的目的，因为我们很容易只记得表面上的类比关系而忽略了到底为什么要这样类比。

- 思维导图可以让类比更加完善。这个工具可以将同一话题内的不同概念联系起来，展示出它们之间的内在关系。绘制思维导图时首先从一张纸的中间开始绘制中心图，然后画出一级分支，填充内容，接着再绘制下级分支并填充内容。这个方法适用于所有类比法，与此同时还能增添与之相关的细节信息。

第四章

博学之人的思维

至此，我们已经了解了博学之人的特点，随之自然就会产生一个新问题：我们可以从他们身上借鉴哪些东西，运用到自己学习生活中，让自己在这个日新月异的世界中更有竞争力？这时，如果你仅仅思考"当下的市场需要什么技能？市场未来的趋势对人才有何需求？"这样的问题，显然是不够的。我们应该明白，博学之人的成功秘诀在于他们都有很强的好奇心；他们对自己的研究领域保持着热爱并且愿意去深入理解、创新思考和细致表达。他们在各自的专业领域里的发展可能各不相同，但同样都拥有着对生活的热爱和不断向前的动力。

因此，仅仅模仿你所看到的表象是不够的，不过这不是要让你去追寻他们做事的细节，而是需要你去深入了解他们思考和做事的方式。例如：是什么原因促使他们成为多面手或全面型人才，而不只是一个知识单一的人呢？

许多人对此持有这样一种错误的观念：保持竞争力的关键是不断更新自己在时尚和前沿领域的技能。例如：现在有很多人想要学习电脑编程或加密数字货币交易，但他们学习的原因并不是因为自己对这些知识感兴趣，而是因为受到了已然在这条道路上取得成功的企业家们的故事的影响。

不幸的是，这样的观念注定会失败。原因有二：第一，当一个机遇被许多人发现的时候，它就不再是机遇了；第二，一味地模仿他人只会让你失去自己的特点和优势。

一、增强适应性和保持包容的心态

1. 博学之人的精神内核

博学之人的精神内核是至关重要的。不论表面看起来这个精神内核与他们研究的领域和主题关系多么密切，前者的本质却是完全独立的。这个精神内核就是：学识广博、思维灵活和开放包容。

我们来看一个例子：一个从事服装贸易的人，他认为服装设计和生产的未来是动态变化的，并且认为要想在这种变化中占据一席之地，关键是生产具有民族特色和环保特点的服装。他的想法是完全正确的。

这个人致力于时尚和纺织业，并努力去开创一个新的市场品牌，但他所运用的都是传统服装行业所使用过的陈旧经营理念。他固执坚守于这些理念，不愿去接受新思想，对服装行业的变化熟视无睹，也不在意那些关于他们生产理念陈旧的警告。

然而还有另一个人，他对学习抱有不变的热情。他有自己所从事的工作，却对买卖二手和老式服装有着浓厚的热情。尽管他没有任何做生意的经验，但他把准了时尚的脉搏——服装业的发展趋势是租赁和二手交易。他迅速行动，在不到一年的时间里就建立了一个人气很旺的服装交易网络平台。他的这一举动令整个服装行业发生了变革。

前者在他的专业里停滞不前，而后者这个服装行业新人却在不受任何所谓"成规"束缚的情况下，迅速获得了成功。这是因为他没有被固有的理念、经营模式和传统常规所禁锢。

这并不是一个罕见的例子。相反，这样的事情正在逐渐成为一种新常态：一些没有接受过专业训练，经验一般的企业家正在他们进军的行业当中获得成功。这是因为他们头脑灵活且具有创造思维，甚至是由于他们在一些关键时刻能表现出魄力。这里，思维和态度就是一切。这意味着你要愿意接受改变，在面对不断发生的变化和挑战时能够尽快适应并正确决策。一个博学之人不会在面对逆境时才思考应对之道，而是在机遇出现的那一刻就已经开始行动了。相较于被动的生存模式思维，他们更喜欢提前思考各种想法和问题。这就是为什么我们不能只是一味地去模仿他们的做法，而是更应该仔细研究令他们产生不同于大众行为的思维方式和观点。

2. 博学之人的做事态度

我们再进一步研究一下他们的做事态度。首先，任何一个博学之人教给我们的第一课都是对于规则要敢于说"不"。有创新思维的人认为规则只是暂时的工作制度，只有在对工作起到积极推动作用时才应该被认可。在他们看来，对错只是主观意见的差异，不能够限制他们的思维。

可是，让一个人接受超出自己舒适区的事实和观点需要其自我打破个人原有判断和想法。发明家不会墨守于被告知的成规，他们对事物有着超越常人的热情和好奇心。

坚持这样的生活态度是博学之人对于变化永久不变的追求。对于充满智慧，有创新意识的人而言，他们有着一种持续发问并追寻答案的责任心。

历史上有许多博学之人都具备这样的态度——世界没有

给我想知道的答案，那就只有我自己去发现了。这种追寻答案的热情和不囿于现有的自由之心来自于对未知的接纳，并且果断地采取行动，敢于承担风险，敢于面对无人触及的世界，敢于做第一个吃螃蟹之人。博学之人的成长之路中会经历很多失败，他们甚至会有些不切实际的幻想，但他们不会屈服——在别人眼里，未知和失败是不可接受的，然而他们不仅会勇毅前行，还会保持乐观与坚持。

如果没有对未知的好奇和对知识与真理的渴求，很少有人能够承受得住通往理想目标道路上需要付出的艰辛。但这些则恰恰是博学之人奉之为珍宝的东西。他们执着地坚守着自己的梦想，不被任何外物所禁锢——包括他们自己无端的恐惧和懒惰。

3. 博学之人不设置无谓的限制

最后，博学之人看待自己的方式与看待所热衷追求的事物的方式一样，他们拒绝为自己设置条框，增添负担，也不会给自己随意贴标签。请你仔细思考，是否我们中大多数人都为自己贴上了这样或那样的标签并安于现实的禁锢？

那些博学之人则反其道而行之。他们从不会定义自己，他们对一切潜在的可能保持着宽容与接纳。

当今，我们给性认同和性取向贴上了更多的标签。你可以选择你所属的政党、性格、血型和社会阶层，并赋予这些标签更多的重要意义。你的宗教信仰、支持的运动队、民族、种族甚至是你常用的媒体及它使用的语言都是你的标签。你还可以进行 DNA 测试来更精准地确定你的血统。

这些标签的泛滥会带给你麻烦，它们将你层层包围，让你无法感受到生活最真实的样子。例如：你不喜欢蓝调音乐，甚至讨厌它。你完全不听这一类型的音乐，可能会让你错过一个你最喜欢的艺术家。你的标签成为你的限制，将你与自认为不属于你的世界完全隔绝。

博学之人则不会设置这些所谓的限制，他们让自己尽可能地接触新领域。他们不在乎某个观点、行为或问题是不是适合他们，也不害怕改变自己的想法或者质疑之前的偏好是否已经过时。他们追寻答案或目标时是不可知论者，一切的先入之见、假设和骄傲都被放在一边。

这是一个值得反复思考的深刻思想：我们对自己的定义体现了我们愿意接触的知识和经历。这甚至可以成为一个自我实现的预言：反复告诉自己是某种类型的人，最终会做很多事情来印证这一断言。为了练就博学之人的思维方式，你要时刻审视自己做出的决定，你的观点和你产生的问题——你是在根据自己先入为主的想法行事吗？你是按照自己想象的样子生活、购物、交流和工作吗？你之所以这样做只是因为你就是这样的人，就应当按部就班。然而，人是需要改变的。给自己一个可能，去尝试之前从不会去做的事情，你也许会发现你也是可以改变的。

成为一个适应性强、思维灵活和乐于改变的人的关键是不要过于故步自封，设置太多人为限制。现在的你和十年、二十年前的你还是一样的吗？如果不是的话，你就不应该认为自己好像已经一成不变，自己只能如此罢了。

通过时刻改变，不把任何事情视为理所应当——甚至不把人的身份视为理所应当，博学之人才能始终保持新鲜感，对机遇和变化保持接纳态度。他们成长得更快，受到的干扰也更少，因为他们不会固执于毫无用处的旧观念。他们不畏惧承认错误或放弃一个投资甚多的项目。对于一个充满智慧和好奇心的博学之人，人生中不存在终极状态——在那里身份是固定的，所有的问题都有答案，生活是静止的。当然，除非你想维护和尊重自己的价值观。的确你有自己的偏好、热爱和习惯。但不同于其他人的是，你会不断地质疑这些偏好、热爱和习惯，不断地思考它们是否在发展当中，是否能够更好。

博学的人不会把时间浪费在定义自己的身份上——他们

把自己看作是为了做自己想做的事情而随时改变的人。这就是为什么你会看到一些有所建树的人会远离别人给他们贴上的"天才"标签。他们的努力并不是为了巩固某个自我或身份——这与他们是谁无关，而是关乎于他们做了什么，知道什么和学会什么。

二、实验思维

博学之人思想开放、好奇和富有无畏精神。他们不被轻易定义，他们喜欢这样。博学之人的世界观中值得关注的另一点是能被称之为"实验思维"的东西。历史上有许多著名的博学之人以不同方式参与到"自然科学"中是有原因的。这与科学方法有关，这些方法捕获了博学之人天然的好奇心并使之确定下来。科学实验会询问如下问题：

"这个世界到底是如何运行的？为什么是现在这个样子而不是其他样子呢？我如何才能更加接近它的本质？如果我去探究这个会发生什么？我要研究的这个世界会告诉我什么呢？"

尽管一些人的科学思维确实比其他人更加突出，但我们也总有办法去激发和培养这种能力。我们只需要在思维上进行一个微小但重要的改变：不要停留在设想上，要去验证它的真实性。人们总是会说事情就是这样，你有证据吗？你并不知道一个新的计划或想法的结果会怎样——为什么不去验证呢？

1. 实验的好处

就物理或化学方面而言，做实验似乎更好理解一些。然而现实生活中的方方面面，做实验也都有其不可忽视的诸多好处。其中之一就是通过切实的操作，你能把所有的假设观点带到现实当中，而不会被完美主义阻止。

等待完美的时机只能意味着你对于获取新知从未付诸行动——但如果你做出了尝试，去实验，哪怕是不完美的，你也在获得进步而不是停滞不前。

通过做实验，你能够获得所有科学家们都想得到的东西：有质量的数据。你可能很多年都做出各种假设却从未得到任何实质性的成果，那是因为只有通过切实的尝试，才能给你可用的信息。

做实验能提供给你尝试新东西的机会，并看到它的发展。当你把个人发展、挑战和目标当作实验去做时，你会因为你的实际行动而减少压力。我们中有很多人都活在本可以摆脱掉的无谓的设想当中，只要肯给自己一个去尝试的机会。

实验为改变打开了一扇窗。当你尝试新事物的时候，你就是在对世界说："我对结果是开放包容且充满好奇的。我也许会发现更新更好的东西，不是吗？"是否曾经有上了年纪的人伤感地告诉你，他们有很多年轻时本可以做却没有做的事情？当你去实验的时候，你不会胡思乱想它的结果——你就是在实践，所以你对结果很确定。最终，你为自己开辟了一条全新的道路，你看到了自己的改变。

2. 实验的方式

"实验"一词意味着正式、严谨以及基于实践。不过你也可以在任何时候按照自己的方式做一些非正式的实验。如果你发现自己总是拖延，试试博学的科学家的态度：变得好奇，努力尝试。如果你去尝试这样或那样的事情，会发生什么呢？并非世界末日——反而只是问题产生时的一种解决方式。用 30 天培养一个新的爱好；尝试某个你可能会不喜欢的事物；在哪怕是不安的状态中尝试说"是"。

打破日复一日的乏味生活，敢于去付诸实际行动，这会给你的生活打开一扇窗。你会思考自己做些不一样的事情会怎样。在验证了某个行为的价值之后，或是证实了没有全身心投入某件事是多么不明智的决定之后，你会发现自己不再犹豫。

一个小小的实验带给你的具体结果会让你产生主体意识。你能够提出问题，得到答案并做出反馈，下一次还会更好。换言之，你在学习中成长。

3. 不必畏惧失败

最后，如果你想让实验思维的精神成为自己生活中的真实存在，你需要去做一些实际的工作。怎样做呢？激发自己内心对于实验的坦率的安全感。你要能够接受（没有灾难性后果和压力的）失败。与创造力相同，好奇心不会产生在充满敌意和风险的环境中。如果你察觉到了威胁，你的大脑很可能只会停留在保守的生存态度当中，而不是存在于广阔的思维和探索空间中去激发创造力。如果你想效仿博学之人，那就在你的生活当中留出玩耍、探索和询问的空间——不要带有内心对自我的批判和对可能会出现的不完美的恐惧。

改变你对失败的定义。失败是客观存在的，我们做事的过程中失败总有可能出现，不必太过于畏惧它。

失败是我们成长和学习中必然存在的一部分，经历失败并不可耻，也不能表明你就是糟糕的或者你做错了。正视失败，从中汲取教训，而不是被它所干扰。更重要的是，保持实验思维就需要始终拥有敢于尝试的心态：摸索，得到结果；调整，再次尝试。生命不止，尝试不停。另外，当你能够用热情、好奇心和良好的适应力来面对突如其来的变化和失败时，你会发现神奇的改变：你会更多地关注过程而非结果。你能更深刻地体会到快乐来自于追求真知的过程，而不仅仅是最终的成绩。博学之人生来就明白过程比结果更重要，他们不断地创新是因为创新过程中的快乐，他们解决问题也是因为解决问题会让他们快乐。

经过反复的实验思维训练，假以时日，它会内化为你的习惯并且会成为你的快乐源泉。换言之，它在潜移默化中成了你的习惯，你能由衷地感受它带给你的快乐。专注于过程，你不会再纠结于结果如何，即使可能失败。当你保持着实验思维和包容心时，成败已然不在结果当中，你会是永远的赢家。

三、初学者心态

哪怕你对某一领域已经非常熟悉，在面对事物时也要把自己看作是一个新手。因为初学者心态有助于你时刻保持谦虚的态度来认知世界，提升自我并保持思维活跃。顾名思义，初学者是指不论动机如何，总能够以开放的心态去尝试新鲜事物的人。

在普通人看来博学之人是多领域里的专家，但这个观点是有问题的。每当我们提到"专家",抑或是专家之间彼此提及,都会认为他们无所不知,无所不能。他们在某个领域已经达到了登峰造极的程度。你若胆敢让专家再去学习点什么,那无异于一种侮辱。我们错误地认为专家们是已经超越一切的至高无上的存在。

然而,从理想角度上讲,初学者和专家的思维是没有太大差别的。这是因为当一个人决定想要成为某个领域的专家时,首先要认定的就是在这个领域中他必须做到学无止境。纵使多年之后成了这一领域的权威,他也仍然需要坚持研究并发现未知。一个真正的专家是坚持探索未知的人。因此,专家和初学者是一样的,都应该拥有接纳新知的胸怀和洞察力。

初学者心态一词来源于禅宗佛教的"初心"的概念。我们可以理解为用一种包容、渴望和不带偏见的态度来学习一个领域的知识。即使你已经达到了一定高度,也要保有初心,就像一名初学者一样。

每当遇到不论之前是否触及过的知识,不论你认为自己是否跟得上时代,都要用初学者的心态去重新接触它。撇去所有先前对它的认知和印象,怀着一种只若初见的态度,积极地去探索。

举个例子：你的卧室窗外出现了一群斑马，这对你而言无疑是新奇的景象。一旦你找回了自己最初的那份吃惊，你是否还能回想起自己最初的所见所想呢？

这个例子有没有让你想起那些熟悉的事情或者电影当中看到过的场景呢？你试图要厘清这一切并表达出来：首先发生了什么？接下来呢？你第一眼看到它们的时候，哪些细节让你感到吃惊或者奇怪呢？你脑子里会有很多"为什么"和"怎么会"。你也很可能被这样的场景所震撼。此刻，你大脑里的问题比答案多，你在努力弄明白这个现象出现的本质原因和可能性。

换句话说，你怀着强烈的好奇心，主动走近这群斑马。然而如果你看到的是一只离群的鸟儿或者松鼠，你是不会产生如此强烈的兴趣和好奇心的。

接下来，我们再举一个学习弹奏乐器的例子。你会产生什么问题呢？你该从哪里开始呢？你不知道首先应该做什么，似乎一切都应该先做。你也可能对乐器使用的注意事项感到好奇——首先是考虑要注意怎样才不会弄坏它，然后思考它到底能弹出点什么。你的内心充满了好奇和担心，产生了很多问题，但你听到的答案却都不够深刻。可是这个乐器给你留下的印象却令你久久不能忘怀。

初学者的思想里大抵都是这个样子吧。当你真正把自己看作一张白纸，以零起点的心态来学习某个东西时，你就会产生大量的问题，进而会从答案中获得更多的知识。

值得强调的是，知识面广的初学者容易问出愚蠢的问题。一些所谓的专家通常依赖于自己的设想和经验，而非深入的调查。如果你习惯于问一些愚蠢的问题，就没有假设和获得其他机会的空间了，一切看起来都公开且明确。专家和博学之人有时也会有盲区，这是因为他们都有自己所熟悉的领域的思维模式，但这些未必适用于新情况。

你可以通过先前的方法来处理新的熟悉的情况。下次你开车的时候，尝试去关注那些自己下意识去做的一些事情并把它们大声说出来。与此同时，把注意力放在那些你坐在方向盘后却早已不关注的东西上：方向盘上的纹路，仪表盘里程表的光亮或者空调的声音。这些微不足道的细节也能为你展示出你从未感受过的新元素或新印象。

总之，初学者心态需要你慢下来，抛开先前固有的观念，去关注你长期忽视的东西。

四、保持信仰

信仰是一个看似简单的东西，但却并不是每个人都拥有。

在纯粹的精神信仰或者是对前路坎坷的无畏精神鼓舞下，博学之人相信投入时间精力和付出努力之后，就必将实现目标或找到出路。这个过程中，他们的认知会进一步加深，并且成为大家认可的多面手。在这个学习过程中不断进步，实现目标，不论你是否相信自己能够做到，最终你都是正确的。

为了说明这一点，我们来看看英国赛跑运动员罗杰·班尼斯特爵士的例子。罗杰·班尼斯特这个名字对你而言可能并不熟悉，除非你是一个田径比赛爱好者或体育历史学家。

1954 年，罗杰·班尼斯特成为第一个突破四分钟跑完一英里的人。对于运动员来说，很长时间以来这都是一个可望而不可即的目标。

一英里相当于标准跑道上绕四圈，这意味着要想在四分钟内跑完四圈，必须实现每圈 60″ 的配速——这被认为是不可能的。人类能在四分钟内跑完一英里被认为是一个幻想。就连田径运动方面的专家也认为这是天方夜谭。你要知道，这是几十年前的事情。那时的现代竞技体育还处于萌芽阶段——远不及我们今天所能够达到的训练水平、营养水平和关注程度。与现代技术相比，这些运动员使用的比赛方法绝对算是史前的。

十多年来，一英里跑的世界纪录一直停留在 4′02″和 4′01″左右。所以，人类达到了自身体能极限这一看法似乎是正确的。从 1896 年第一届现代奥运会开始，这个耗时就在一直减小以至接近于某个极限。当时 1500 米的金牌得主以 4′33″夺冠，这大致相当于每英里 4′46″的速度。

人类发展了这么长时间，似乎必须找到一个极限，而且我们已经达到了。当然，在更现代的时代里，也出现过类似的关于人类极限的概念，比如 100 米短跑的 10 秒大关。出于比对，我们提供以下数字：截至 2020 年，一英里跑的世界纪录是由摩洛哥选手奎罗伊创造的 3′43″13。

1952 年赫尔辛基夏季奥运会上，罗杰·班尼斯特在 1500 米跑中获得第四名，差一点获得奖牌。在失望和羞愧的驱使下，他暗自决定要实现四分钟内跑完一英里。这样他会觉得不那么有负罪感。与其他跑步运动员和专家不同的是，他相信他能完成这个目标，并在训练中时刻铭记这个目标。对他而言，这只是一个时间问题，而非是否能实现的问题。当你设想某件事情是必然的，并且为了实现目标而做出规划时，它会迫使你突破常规，以截然不同的方式行事。

1954 年，罗杰·班尼斯特，这名当时的实习医生，开始了认真的训练并尝试突破这一门槛。5 月 6 日，他以 3′59″4 的成绩打破了 4′06″ 的世界纪录。人们都难以置信，把他尊为超人。为了表彰他的努力，1975 年他被封为爵士，并长期在国内外享有英国体育运动员代表的荣誉。这一切都是在他还是一名执业医师和神经科医生时完成的。

在罗杰·班尼斯特和一英里跑的故事里，信仰无疑是主角。在他突破四分钟大关两个月后，澳大利亚运动员约翰·兰迪同时打破了四分钟纪录和罗杰·班尼斯特的世界纪录。第二年，另外三名运动员也相继打破了四分钟纪录。接下来的十年里，超过十二个人突破了阻碍跑步者多年的四分钟大关。

这就是信仰的力量。人们总是对什么是可能的和什么是不可能的存在先入之见。但大多数时候，这些观念只能产生限制作用，人们在可能与不可能、能与不能和相信与不相信方面，总是习惯性认输。

内心缺乏信仰，你会很武断地给自己设限。给自己设置障碍，会令自己无法迈出脚步。

在罗杰·班尼斯特取得成绩的几个月里，其他四名选手的身体没有发生任何变化。他们没有像今天的运动员那样体质变得更好或者使用兴奋剂，他们也没有改变自己的训练习惯或训练方案。这一切改变都源于他们的信仰：他们坚信四分钟大关可以被突破，他们可以做到。这就是唯一不同之处。

罗杰·班尼斯特重新定义了什么是可能，并让人们相信信仰的力量。如果他不相信自己的目标可以实现，他会为自己 4′01″ 的成绩感到高兴，如果像约翰·兰迪这样的人率先打破四分钟纪录，他就只能遗憾终生了。

博学之人相信自己可以成为专家，他们相信自己可以不断超越，他们相信自己的愿望可以触及——事实上，正是由于看似的遥不可及，才使他们保持强大的动力并争取更多。他们相信障碍可以被逾越，而且不论多么困难，他们都会坚持下去。他们相信失败与奋斗只是人生道路上的驿站。

这就引出了成为博学之人的最后一个要素：毅力。

五、坚韧不拔

最终，为了成为真正的博学之人，我们必须超越个人喜好和自己的舒适圈。这是实现更大目标的根本。从本质上讲，我们总是需要去面对和解决一些让我们感到厌烦或不适的事情。

换而言之，人生没有捷径，没有照抄照搬，没有坐享其成。宏观意义上的成功属于有能力接纳一定程度苦难与不确定的人，也属于能够为了更大的人生目标而牺牲眼前利益的人。

成就博学之才的道路＝走出舒适圈

我们都想有所成长并有所收获，但是成长本身就注定了要承受苦痛。进步和改变常常充满不确定性和风险，我们必须为此放弃那些已经习以为常的事物和当下所拥有的快乐。成长和发展意味着拓展认知区域、承担风险和勇于探索。总是被禁锢在成规当中是不可能成长和发展的。甚至有时，改变就意味着会充满苦痛，因为旧事物在消亡而新事物还未成熟，一切充满未知。

轻松惬意的生活从不需要自律，享受当下不需要付诸任何艰辛和特殊技能。但如果我们想让余生过得更有意义，就需要形成自律的生活态度来应对人生中的苦痛。痛苦、坎坷和不确定性从来都不是我们通往幸福与成功路上的绊脚石，它们只是生活中的一部分。只要正确面对，我们就能够解锁更多的幸福密码。

不仅要接纳坎坷，还要热情拥抱坎坷，这是一个很大的悖论。经历坎坷听起来很有趣然而事实绝非如此。不过从长远来看，这种技能比仅仅只是追逐稍纵即逝的快乐或虚无缥缈的幻象有价值得多。

简单地说，我们培养自律性和接纳坎坷，是因为我们明白生活中的苦难是不可避免的。我们知道，在面对那些我们不愿做的事情时所产生的新的见解，可以为我们创造新的机会，进而去实现目标、获取真谛和收获幸福。生活会因此变得更加顺遂，我们也会变得更加强大，强大到不惧怕这个世界上每天要面对的那些考验和麻烦。

1. 养成自律

有了自律，我们对生活的预期会更加理性，更符合现实。我们对每天所做的事情会更容易把控重点，并因此收获更多。自律不是理论上达到思想积极正确即可，而是在人生舞台上，我们愿意为之每时每刻、反反复复去付诸的行动。换言之，自律应该成为大千世界里的一个习惯，因为在这个世界里，选择阻力最小的道路或者落入身边"不劳而获"的陷阱是十分容易的。

乍一看，追求快乐似乎很合乎逻辑——如果追求快乐让你感觉良好，那难道不对吗？但如果说还有一件事我们非常确定，那就是人生是变化的，我们将不得不在人生的某个时刻承受痛苦，我们会感到不适，并被迫面对那些不想面对的现实。假如我们知道这一点，那么做好准备去面对不是比盲目地追求一个耀眼的目标更好吗？更何况这个目标还经常不会按照你的计划发展，让你手足无措。

学习如何在事情还可以接受的时候（也就是说，在这些事情没有强加到你身上之前）容忍苦痛、不确定性、怀疑和风险，这能够给你培养和提升自律性的机会，以便你为日后的坎坷做好准备。诚然，现在赤脚走路意味着你对有朝一日必须光脚走路更有"免疫"，同时也意味着你对鞋子的依赖会减弱，你也能更深刻地体会到自己承受和应对困难的能力变强了。这是一种赋权的态度。这样的态度可以使你直面生活中的挑战，坦然接受现实并用尊严和勇气积极做出回应。

2. 接纳坎坷

学着接纳和容忍仿佛就是一剂疫苗，它能帮助你预防可能会发生的坎坷。人生难免有逆境，但具有包容心的你能够从容自信地应对，坚信逆境不会打败你。曾经历经坎坷且从容应对的你，又怎会惧怕逆境？

你可以逃避苦痛，把自己感受到的快乐放大；抑或去欣然接受生活丢给你的无情与欣慰。如果你有足够成熟的心态和智慧，你就可以在人生浪潮中乘风破浪，越变越强。

所以，要在风平浪静时练习本领，而不是在大风浪里迫使自己成长。在自律中主动成长，这小小的改变会为你的人生带来深刻的影响。其中的要义简洁明了：走出舒适圈，给自己变强大的机会。

以下是罗马皇帝、哲学家马克·奥勒留在《沉思录》中的一段话，它阐明了屈服于生活中的坎坷，消极面对人生的后果。

"黎明时分，当你不想起床时，问自己：'生而为人，我必须去工作。如果我生来就是要做事情的，那我有何抱怨呢？还是说我生来就能钻进温暖的毯子里偷懒呢？'

'但是毯子里是真的舒服啊……'

难道你出生就是为了贪图安逸，而不是为了通过付出来感受世界吗？难道你没有看到正是这世间的花鸟鱼虫，它们各尽其责，才有了眼前这个美好有序的世界吗？你就不想尽你作为一个人所应尽的职责吗？为什么不去顺应自然规律做自己应该做的呢？

'但是，我总得睡觉啊……'

这话不假。但也不能一直睡啊——就像吃饭喝水一样。你已经睡了太多，工作却做得少之又少。凡事都有度，你也要热爱工作，履行自己的职责。热爱自己所从事的工作的人会经常沉浸其中，废寝忘食。"

正如马克·奥勒留所说，博学之人都"热爱他们自己所做的"——他们能够面对坎坷。从长远来看，这样的品质态度也让他们能够实现目标，生活充实。

💡 **本章要点：**

- 博学之人之间所掌握的知识可能不尽相同，但其核心本质却非常相似。这是因为要成为多面手或全面型人才都需要具备内驱力、好奇心和包容心。这与知识单一型人才的要求是完全相反的。例如：类似列奥纳多·达·芬奇这样的博学之人在遇到不熟悉的问题时说："让别人来管这事儿吧，我要去睡一会儿了。"你认为这可能吗？应该是不会的。

- 第一，博学之人具备一个心理特征：很强的适应性和包容性。无论遇到什么困难，他们都可以找到出路，解决这些问题。为了达到这一点，你必须有灵活多变的思维，不被传统和个人习惯所束缚。你必须对陌生的、新颖的问题和观点持接纳态度。例如，谁是第一个看到奶牛乳头时想到它们产的牛奶是可以喝的呢？

- 第二，博学之人永怀实验心态。这并不是说他们总是在做我们理解的常规意义上的实验。相反，他们是运用科学的态度面对和分析生活中遇到的事物。这样做会让他们觉得真实，他们的好奇心得到了满足，同时也获得了新信息。实验心态是他们生活中的常态。

- 第三，博学之人还有初学者心态。这一点比专家心态更有价值。作为一个初学者，你的问题比答案多很多倍。这是很好的事情，它会促使你去倾听、质疑和深思。专家们总是会认为自己已经了解了太多，这不可避免地会导致认知盲区。初学者心态最好要辅之以批判思维，这样更有利于创造出有价值的探索之路。

- 第四，博学之人都怀有信仰，不论是否切合实际，他们都相信自己可以实现目标。提及学习时，很多人最大的敌人其实就是自己。但这也正说明了一个最基本的问题：做事的信念或付诸行动的能力。这意味着在合理的预期范围之内，产出与投入应该是均衡的。如果没有做成某事的信念，一个人通常是不会成功的。

- 第五，博学之人是坚韧不拔的。你还能怎样描述一个在多领域有着渊博知识的人呢？坚韧不拔意味着一个人在克服困难，跨越坎坷时的坚定，他们不怕付出任何代价。但事实上，这样做的代价其实也仅仅是走出舒适区。博学之人有着极大的自律性，因为即使对一个事物很感兴趣，从零开始也意味着需要克服困难，能耐住寂寞并不断钻研，这就是生活的本质。习惯于这样的变化也是一种技能，它能使你更加坚韧不拔地朝着目标前进。

全 书 总 览

第一章　怎样成为博学之人

- 日常生活中，总会有人用各种方式告诉我们成功的关键就是要专精于一行，样样都学是不可取的。可是，很多杰出的人就是因为具有跨学科的学习能力而让自己闻名于世。

- 当今时代对人才的需求越来越倾向于拥有跨学科学习能力的博学之人，这就促使我们不能只具备单一能力，而要拓宽自己的能力范围。

- 但是，究竟如何成为一个博学之人呢？霍华德·加德纳的多元智能理论就是很好的答案。他提出了音乐韵律智能、视觉空间智能、语言智能等七种人人具备的智能模式。如果你具备了其中三种或三种以上智能，你就能够成为一个博学之人。

- 另外，还有生物学理论。该理论认为，人脑的不同部位具有自己独特的功能。例如：书写能力由大脑额叶负责，而理解能力则由大脑顶叶负责。博学之人拥有一个强于常人的脑叶构成的大脑。

- 那么，这两个理论哪一个才更准确呢？真相是这两个理论都有自身的不足之处，也都并未得到任何科学研究的理论支持。加德纳的多元智能理论至今无法被科学验证，生物学理论的观点也明显有其无法自圆其说之处。

- 一个真正的博学之人必须具备以下三个要素：知识的广度、深度和融合度，这也被称之为跨学科能力。相较于普通人在处理问题时的单一考虑方式，具有较强跨学科学习能力的人能在多个不同领域取得成就并将它们有机融合、综合运用。因此，你会看到一个具有艺术细胞的科学家能够借助自身的艺术理解优势，助力他在科学研究领域取得更大的突破。

第二章　如何提高知识技能的迁移能力

- 要成为一个博学之人，最大的困难可能是将掌握的不同领域的知识融会贯通。而学习迁移将能够让这个过程变得容易很多。

- 你将一个领域的知识或技能运用于另一个不同的领

域，这时就发生了学习迁移。学习迁移有多种类型，其中包括：正迁移和负迁移。前者是一种成功的学习迁移；而后者是指一个领域的知识阻碍了另一个领域知识的习得。接下来是同化性迁移和重组性迁移。两种相似情境中的学习迁移就是同化性迁移；而重组性迁移则指的是完全不相关情境中的迁移。最后，还有特殊迁移和非特殊迁移。特殊迁移是指学习者能够清楚地辨别出已学知识和新习得的内容之间的共同点，并直接运用到新学习之中；而非特殊迁移则发生在目前所学和以往已有知识之间没有明显相似的情况之下。

- 有几个可靠的方法能够帮助你形成正迁移。总体来说，对学习保持很高热情或者能够经常将知识运用于不同情境的人更擅长于学习迁移。另外，也有研究表明那些对自己学习迁移能力持乐观自信态度的人更可能进行学习迁移。

- 除了以上方法，你还可以通过以下几条准则来极大提升你的学习迁移能力。最基础的一条就是元认知策略，它是指能够思考分析你的思维过程，并通过反思来调节自己的思维和学习过程。除此之外，还有不同情境下的迁移练习：远迁移和近迁移、学习媒介多样化以及寻找所学和其他不相关情境的关联等。

- 问题导向学习法是指主动确定一个待解决的问题或

者制定一个待达成的目标，在解决问题和达到目标的过程中，你必然要掌握某些技能。其本质是：通过解决问题 Y 的过程中来实现目标 X。这将使你充满动力，积极投入其中。同时，由于你在整个过程中处于主导地位，主动整合信息，例如：你需要明确自己已经知道什么，还不知道什么，找到对策并付诸行动，所以你的学习会更加有深度。

第三章 解构知识

- 当你需要处理一些并不熟悉的新信息时，其中一些可能会很复杂，晦涩难懂，这无疑会影响你继续学习下去。不过，类比法是一个非常有效的工具，它能够帮助你化繁为简，帮助你高效学习。

- 类比法是指将两个看似毫无关联的概念进行对比寻找异同的方法。为了提升学习效率，你可以通过一些新颖的方式在已知概念和要学习的概念之间建立关联，以此促进你对新概念的理解。这个过程是知识迁移的过程，从中你会加深对知识的理解和记忆。

- 运用类比法来辅助学习，你需要了解学术性类比的相关知识。它是一个四项模式结构，左边两项是你已知事物的关联构建，以代码和应用程序为例，代码是应用程序的主要构成部分，现在，你要学习法律，你能够明白普通法律之于宪法就像代码之于应用程序，用标准的类比模式就是："代码：应用程序∷普通法律：宪法"。

- 类比法四项模式结构中的左边两项之间的关联会随着你所采用的类比类型的不同而不同。这两项间的关系可能是同义类比、反义类比、部分/整体类比，等等。在学习过程中，你需要灵活地决定类比类型的选用，并尽可能多地运用。

- 一旦你完全掌握了各种类比法的运用方法，你还可以了解一些让它们发挥最大作用的技巧。尽量在复杂概念中运用类比法，简单的概念要避免使用类比法，以防混淆。另外，还要使用大量实例将抽象概念具体化。此外，还要注意时常审视你进行类比的目的，因为我们很容易只记得表面上的类比关系而忽略了到底为什么要这样类比。

- 思维导图可以让类比更加完善。这个工具可以将同一话题内的不同概念联系起来，展示出它们之间的内在关系。绘制思维导图时首先从一张纸的中间开始绘制中心图，然后画出一级分支，填充内容，接着再绘制下级分支并填充内容。这个方法适用于所有类比法，与此同时还能增添与之相关的细节信息。

第四章　博学之人的思维

- 博学之人之间所掌握的知识可能不尽相同，但其核心本质却非常相似。这是因为要成为多面手或全面型人才都需要具备内驱力、好奇心和包容心。这与知识单一型人才的要求是完全相反的。例如：类似列奥纳多·达·芬奇这样的博学之人在遇到不熟悉的问题时说："让别人来管这事儿吧，我要去睡一会儿了。"你认为这可能吗？应该是不会的。

- 第一，博学之人具备一个心理特征：很强的适应性和包容性。无论遇到什么困难，他们都可以找到出路，解决这些问题。为了达到这一点，你必须有灵活多变的思维，不被传统和个人习惯所束缚。你必须对陌生的、新颖的问题和观点持接纳态度。例如，谁是第一个看到奶牛乳头时想到它们产的牛奶是可以喝的呢？

- 第二，博学之人永怀实验心态。这并不是说他们总是在做我们理解的常规意义上的实验。相反，他们是运用科学的态度面对和分析生活中遇到的事物。这样做会让他们觉得真实，他们的好奇心得到了满足，同时也获得了新信息。实验心态是他们生活中的常态。

- 第三，博学之人还有初学者心态。这一点比专家心态更有价值。作为一个初学者，你的问题比答案多很多倍。这是很好的事情，它会促使你去倾听、质疑和深思。专家们总是会认为自己已经了解了太多，这不可避免地会导致认知盲区。初学者心态最好要辅之以批判思维，这样更有利于创造出有价值的探索之路。

- 第四，博学之人都怀有信仰，不论是否切合实际，他们都相信自己可以实现目标。提及学习时，很多人最大的敌人其实就是自己。但这也正说明了一个最基本的问题：做事的信念或付诸行动的能力。这意味着在合理的预期范围之内，产出与投入应该是均衡的。如果没有做成某事的信念，一个人通常是不会成功的。

- 第五，博学之人是坚韧不拔的。你还能怎样描述一个在多领域有着渊博知识的人呢？坚韧不拔意味着一个人在克服困难，跨越坎坷时的坚定，他们不怕付出任何代价。但事实上，这样做的代价其实也仅仅是走出舒适区。博学之人有着极大的自律性，因为即使对一个事物很感兴趣，从零开始也意味着需要克服困难，能耐住寂寞并不断钻研，这就是生活的本质。习惯于这样的变化也是一种技能，它能使你更加坚韧不拔地朝着目标前进。